ひみつのたべもの

himitsu no tabemono　　* rena matsui

松井玲奈

マガジンハウス

どん兵衛

ひみつのたべもの

目次

撮影 川島小鳥
スタイリング 山口香穂
ヘアメイク 白石久美子
ブックデザイン 鈴木成一デザイン室

ひみつのたべもの

食は身近なエンタメ

おうちにいる時間が長い期間が続いている。みんな口々に言うけれど、今までのなんでもない一日が特別だったように感じられる。

こうなる前の日々は、いくつか作品を掛け持ちしていた。無事に終わったらここに行こう、これをしたい、この人に会いたいなと、期待を膨らませていた。今、時間はたっぷりとあり、自分と向き合うことが増えたが、やりたいことリストは増える一方。

私が何を楽しみにしていたかというと、恥ずかしながら食べることで。

家でゆっくりごはんを作りたいとか、大好きなかき氷のお店を友達とはしごしたいなとか。あてもなく映画館に行って、でっかいサイズのポップコーン（塩とキャラメル味）を頬張りたいし、お気に入りの喫茶店のオレグラッセも飲みたかった。今はそれが全部お預け状態だ。

その中でも特に楽しみにしていたのが、普段はなかなか足を運べない高級店におしゃれをして行くこと。

今年（二〇二〇年）に入ってから一度、イギリスへ留学する友人とふたりきりの壮行会と称してお気に入りのお店を訪れた。普段はスッピンで会ってしまう私たちも、きちんとメイクを施し、ドレスアップをした。わざわざお店の前で待ち合わせをし、特別感を演出して気分を上げることも忘れない。

このお店、初めて訪れた時に料理の美味しさに驚き、きめ細やかなサービスも素晴らしく私はあっという間に恋に落ちたのだった。

その時は別の友人と訪れたのだが、

「随分遅れちゃったけど、誕生日おめでとう」

と友人が一声かけて私たちはグラスを合わせる。

「もう結構前だから、今日は久しぶりに会えた会だよー」

なんて言いながらきらびやかな食事を楽しみ、最後のデザートまで食べ終えた頃、お店の方が突然バースデープレートを持って現れたのだ。

友人は頼んだ記憶がないと目を白黒させて戸惑っていて、どうやらこれはお店側の粋なサプライズだと確信を持つ。

「乾杯の時にお誕生日をお祝いされていたので、ささやかなサービスです」

ウェイターさんが粋な笑顔を浮かべてこちらを見ていた。

プレートには私の誕生日ではなく、訪れた日の日付が記されてあった。このあたたかな心遣いが印象深く残り、特別なお祝い事や、自分へのご褒美にはまたここへ来ようと決めたのだった。

母の誕生日に本当はこのお店でお祝いをしたかったのだが、今の状況ではなかなか難しく、家族で訪れるのはもっと先になってしまうだろう。

一日でも早くまた行きたい。そう思っては、食べた料理を思い返す日々。

高級なお店は高級だからいいのではなく、いつもそこに素敵なサプライズがある。私はその魔法のような仕掛けが好きなのだ。

器、盛り付け、料理の順番。全て込みで体験型のエンターテインメントなのである。

このお店、料理のサーブの前にまず、小さな瓶が出される。中には料理に使われている調味料が閉じ込められ、蓋を開け素材の匂いを感じとってから食事を楽しむという仕掛けがなされている。ピンクペッパーが入っていると言われても、すぐには風味を思いだせないが、こんな風に一度体験すると、料理の中でアクセントとしてこれまで以上に味が浮き上がってくる面白さがある。

外食は一緒に行った相手と、「どれが一番美味しかったか」と話しながら帰る帰り道も好きだ。

いいお店を訪れる時は普段飲まないお酒を少しだけ飲んだりする。まんぷくで満たされて火照った体の緊張を解くように、家に帰ってベッドに体を沈める瞬間まで含めて、たっぷりとした幸福感の体験。

もちろんリーズナブルなお店で感じる幸せもある。しかし、たまに行くちょっと背伸びしたお店は、子供の頃親に隠れて化粧台の口紅をこっそり塗っているような、初めてヒールを履いた日のような、体が地面から浮いてしまいそうなどきどきした感覚を思い出させてくれる。

そんなわけで、私は二日に一度は恋するあのお店の料理のことを考えている。

特に好きなのは、デザートの前に出てくるチーズ料理。羊のチーズを使った真っ白なムースの上に爽やかな緑のルッコラのソルベ。これがもう、初めて食べた日から何度思い出しただろうというくらい虜《とりこ》になっている。

羊のチーズの少しのクセと、それまでの料理の味をルッコラのソルベがそよ風のごとく爽やかかつ、まろやかにリセットしてくれる。

ああ、食べたい。この料理だけでもいいから、食べたい……。後悔してもいいからどんぶりいっぱい食べたい。

と思いながら写真を見返しているが、どうやらお店のテイクアウトが始まったらしく、アナゴの白バルサミコ焼きと、和牛のローストビーフなるものがおうちで食べられるという。

世の中にあるものは大抵味の想像がついてしまうと言うが、アナゴを白バルサミコで焼くなんて、全く、何一つ、味の想像が、できない！　だからこそ好奇心をくすぐられ食べてみたくなるのだろう。未知の味を知りたくなって、それを知った時に感動をして。

食は一番身近なエンターテインメントだ。

日常に刺激を！　新鮮な驚きを！　さあ、デリバリーするか考えてみよう、お財布と相談しつつ!!

（調べた結果デリバリー圏外でした。残念!!）

ラピスラズリのオペラ

世界には美味しいものが溢《あふ》れている。気になっているお店の全てに足を運ぶことは到底難しい。あの店のあれが食べたいのにそこへ行くための時間の捻出に頭を悩ますことだってある。そんな時の救世主がお取り寄せ。私はお気に入りのお店をお守りのようにブックマークしているのだ。

落ち込んだ時は美味しいもので自分の機嫌をとる。疲れた時は美味しいもので心にも体にも栄養を送り込むに限る。これはよく言われることでもあるが、効果のある特効薬だと感じる。

そんなわけで時々お取り寄せをする私。先日、友人が素敵なケーキがあるから見てほしいと送ってきてくれた写真には、宇宙を思わせる青い石がお皿の上に上品にのせられていた。なぜ石をケーキと言うのだと問いかけると、どうやら石ではなく本物のケーキだと彼女は主張する。

それは『ラピスラズリのオペラ』。

鉱物のラピスラズリの模様が、カットされたケーキの断面に似ているところからインスピレーションを受けたそれは、一見すればラピスラズリの鉱石と見間違える出来栄え。

これがとても人気らしく、予約が始まるとあっという間になくなってしまうという話を友人は楽しそうに話してくれた。世の中には変わったケーキがあるものだと認識をし、記憶の端っこにしまっておくことにした。

しかし数日経ってもあの青い鉱物ケーキがひょっこりと頭の中で顔をのぞかせる。どんな質感か、どんな味か。実物は本当にラピスラズリのようなのか。一度考え始めると気になってしょうがない。気がつけばケーキを食べたことのある人々の感想を探し回っていた。そうやって数日ラピスラズリのオペラに想いを馳せていた時、みっちりと働く日がやってきた。

これは頑張ったご褒美を用意せねばならんと、自分で自分を甘やかしたくなるほど取材の詰まった一日。私は思い立ち「ラピスラズリのオペラを頼もう」と決めたのだ。

しかし、人気のケーキ。そう簡単に注文ができるかと注文ページを開くと、なんと丁度発売したばかりの時間であった。すんなりと購入に成功し、そのあっけなさに呆然《ぼうぜん》としながらも、今買うべきだったのかと妙に納得しケーキが届く数日先を楽しみにしていた。

自宅のインターフォンが鳴り、私の体は飛び跳ねる。ついについに、待ち望んだあのケーキがやってきたぞと。

段ボールから丁寧に梱包された深海の色に似た青い箱が出てきた。正方形のそれを慎重に開けると僅《わず》かな冷気とともに小さなケーキが姿を現す。

手のひらサイズのケーキが二つ。ちょこんと並んで入っていた。

表面は複雑に混ざり合った様々な濃度の青が天の川が流れるように覆っている。上品にまぶされた金粉が夜空に瞬く一等星のようで、このケーキの中に宮沢賢治の『銀河鉄道の夜』を感じずにはいられない。どこからかボォーッと汽車の汽笛が聞こえてこないかと耳をすましてみるも、部屋の中は猫が「それはいったいなんだ！　食べ物か！」と騒ぐ声しかしない。

丁寧に箱から取り出し、宇宙らしさを際立たせるべく黒いお皿の上にのせた。一緒に付いていた細かなラピスラズリの石をケーキの周りに並べると、そこに小さな宇宙が広がっていった。

フォークでケーキの表面を軽く押す。コーティングされた青色のホワイトチョコがパキリと音を立てた。その下はスポンジとバタークリームの層。

一口とってパクリ。チョコの薄い食感とともに、コーヒーの苦味がやってくる。そこへ重たさの全くないバタークリームが滑らかに苦味を中和してくれる。

ああ、これはティラミスの味。

青い見た目からは想像することのできない、大人のほろ苦い味は一息吐きたくなる美味しさ。肩の力が自然に緩んでいくのがわかった。

さて、どうやらもうひとつのケーキはまた別の味らしい。見た目はほとんど同じに見えるが、こちらの方が断面の青のトーンが暗いように感じる。同じように薄いチョコレートを割りながらいただくと、今度は胡麻の風味が口いっぱいに広がる。しかもプチプチとした胡麻の食感が口の中で跳ねるようで小気味いい。

さらにこちらのバタークリームの中には柑橘のピールが入っていた。爽やかな風味が鼻に抜け、胡麻との絶妙なバランスに私は唸《うな》ることしかできなくなっていた。

どちらも甲乙付け難い味わいである。じっくりとその風味や食感を味わいたいのに、手のひらサイズのケーキは気をつけなければあっという間に平らげてしまうくらい美味しい。このサイズではなく、長い一本単位で売ってはくれないだろうかとフォークを手にぐぬぬと声を上げてしまう。

美味しいものを誰かと共有するのも楽しいが、こうして一人の秘事として楽しむのもまた格別。独り占めという言葉が甘美な響きに聞こえる。

鉱物とスイーツ。意外な組み合わせだが、美しく美味しいものは正義だと思う。

『銀河鉄道の夜』を片手にラピスラズリのオペラを食べる日をご機嫌取りの日としておくことにする。

食欲おばけの日

自宅にいる時間が増えると、お腹が空いていなくても不思議と口寂しくなる。

あの現象は一体なんなのだろうか。本当に空腹かと自分に聞いても、何か食べたいだけです！　とあっさり返ってくる。

家の中にあるのは数日分の食材と、非常食的に置いてある袋麺たち。袋麺に関しては、実家から段ボールで送られてきたもので、目につかないところにひとまとめにしている。

料理をするのは好きだけど、なぜだか袋麺に対しては億劫《おっくう》な気持ちが出てきてしまうのだ。

カップ麺ならお湯を沸かし、容器にお湯を注いで三分で、はい完成。一方袋麺は手軽とはいえ、カップ麺より工程が増えるし、洗い物も増える。であればカップ麺の方を食べたいなとズボラ的思考が働いてしまう。

何か食べたい！　となった時、今残される選択肢は、
きちんと料理をする

コーヒーなど飲み物で紛らわす
果物を食べる
袋麺を作る
この中では果物を選択するのが最もヘルシーである。ぶどうを一房食べ切ってしまっても、いちごをワンパック食べたとしても、大して太りはしない。果物はたくさん食べたとしても、お菓子を食べるより罪悪感もない。ビタミンなど栄養があるし、間食に向いたスナックだと考えている。
先日、どうにもこうにも食欲が止まらない〝食欲おばけの日〟があった。食べても食べても何かを口に入れたい。果物をもりもり食べても、すぐに空腹を感じている気がする。冷凍していたご飯もすっかり食べてしまい、他に簡単に自分の食欲を満たせそうなものは袋麺しか残されていなかった。
洗い物が増えたとしてもこの食欲には勝てん、と実家から送られてきた段ボールの中を探ると、味噌煮込みうどんが。
実は先日、味噌煮込みうどんが食べたくなったので作ったのだけれど、残念なことに赤味噌がなく合わせ味噌で代用したところ、ただの味噌汁にうどんを入れただけになった。無念。
まずくはない。しかし私が食べたかったのは、濃い赤味噌の味のする味噌煮込みうどんである。

これは今私が抱えている深刻な味噌煮込みうどん欲までいっぺんに満たせるチャンスが到来したのではと、意気揚々とキッチンに立った。

土鍋で麺を茹で、赤味噌スープの素を入れ、適当に切った野菜も一緒にグツグツ煮込む。最後に卵黄をのせて完成、といきたかったのだが、うちには小さい土鍋がなかった。ビジュアルとしては不完全であることに悔いが残るが、結局小ぶりのシチュー鍋の中で全てを調理しそのまま食べた。

こんなふうに鍋から直接食べるのは東京に出てきたばかりの頃以来だなと、なんだかノスタルジックな気分に陥った。

昔は大したものも作れなかった私。毎日毎日、それはもう毎日、鍋になんでもかんでも野菜を放り込んで煮込み、そのまま食べていた時代があったのだ。

さすがにこれはいかんと思い、少しずつ料理を覚え始めたけれど、鍋から直食もたまにはいいものかもしれないなと感じた。なんせ洗い物も減る！

味噌煮込みうどんに関しては袋麺ももちろん美味しいが、家で食べるなら断然山本屋本店の半生めんに限る。ぜひ、愛知に行った際はお土産にどうぞ。硬めのうどんと、濃い赤味噌スープが名古屋にプチトリップさせてくれる。

即席麺でいうと、皆さんどん兵衛は食べるだろうか？　マルちゃんの赤いきつねでも構わない。

ちなみに日清のどん兵衛のうどんは緑色のパッケージ、マルちゃんの赤いきつねは赤色のパッケージである。ややこしい。子供の頃はいったい何が違うんだ？　どちらにもお揚げが付いているのにどうして色が違う？　と頭を悩ませたものだが、そもそもメーカーが違ったわけだ。

さて、カップうどんの食べ方で数年前に流行った、十分経ってから食べるという方法を知っているだろうか？

メーカー推奨時間よりは随分と長いのだが、そうすることによって麺が伸びてもちもち感がこの上なくアップする。私はこの食べ方がとても好きで、泊まりの時によくこの十分どん兵衛（赤いきつねでも可）を食べる。

お腹が空いている中でいつもより長く待ち、あと少し、あと少しと時計をチラチラ見る時間を経てありつく十分どん兵衛は至高である。普段よりもちっとした麺もさることながら、上にのったお揚げ。これがまた出汁を吸って羽毛布団くらいふっくらとする。嚙《か》んだ瞬間にじゅわーっと口の中に溢れ出す出汁。スープを飲み干すことは避けたいが、できることならこのお揚げに可能な限り出汁を含ませて食べたい。幼い頃からの夢である。

深夜にこれをすると背徳感と幸福感に見舞われる。翌日自分の顔を見て後悔することにはなるが、この美味しさ、背に腹は代えられない。

ここに悪魔的美味しさをプラスする。食べる直前に天かすをどっさり、それはもうどっさりのせてほしい。天かすの食感がふやけて徐々に変わっていくのが最高に美味しく、うどんのもちもち感のアクセントになる。お揚げと天かすのジュワッ、サクッとした食感もたまらない。もう、悪魔的に美味しい。

さんざん即席うどんについて話してきたが、自宅で過ごす間に増量してしまうとお仕事に影響が出てしまうので、欲望のままに食べることはほどほどに。食べたら次の日調整するとか、おうちの中で運動して帳尻合わせしていこう。

目玉焼き、何派？

「松井さんは目玉焼き、何をかけて食べる派ですか？」と聞かれたことがあった。

少し考えてから、「何もかけないで食べる派です」と答えると、その場の空気がピタリと止まった気がした。

目玉焼きの食べ方は人それぞれである。時にはソース派か醤油派で柔らかな対立が起きたりもする。おそらく、きのこの山、たけのこの里のどちらが好きかと同じくらい、しばしば取り沙汰される論争だと考えている（ちなみに私はきのこの山派）。

思えば一人暮らしを始めてから、ここ最近まで目玉焼きを作ることがなかったなあと。実家で頻繁に食べた覚えがない。記憶の奥の奥を掘り返してみると、フチのパリッとした目玉焼きが食卓に上がっていた時代を思い出した。

子供の頃はその薄茶の餃子の羽にも似たフチがあまり好きではなかった。パリッとした途端、口の中の水分でもさっとし、味もしないのにやけに口に残る。おそらくしっかり油を引いて焼いたからフチができたのだろう。黄身の部分もとろりとした橙《だいだい》色ではなく、カスタード色の硬くパサッとしたものだった。そのせいかあまり好きじゃないと感じていた。

ありがたみがわからなかった頃は、忙しい中で目玉焼きを焼いてくれた母に対して「また黄身が硬い！」と不満を漏らしていた。なんという暴君な娘だろうか。

小学生の頃、母は子供用の料理の本を買ってくれた。そこには包丁の持ち方や、お米のとぎ方、簡単な料理の作り方が可愛いイラスト付きで載っていた。タイトルは忘れてしまったが、表紙は三つ編みの女の子が台に乗りながらガスコンロの前に立ち、料理をしている絵だった様に思う。今はもう手元にないその本は当時の私の宝物で、キッチンの大きな食卓テーブルの上に広げて何度も何度も読み返していた。

最初のレシピは「目玉焼き」。私はこの本で目玉焼きの作り方を覚えた。

油をまんべんなくフライパンに引き、そこに卵をポトリと割り入れる。フライパンの中に少量のお水を入れ、蓋をして蒸し焼きにするのがポイント。と本には書いてあった。その通りに目玉焼きを作ってみた時、熱したフライパンに水をそーっと流し込むと、ジュー！　バチバチバチッ！　と大きな音がし、しぶきを上げて水と油が跳ね返る。私は飛び上がり大慌てで蓋をした。おそらく火が強すぎたのだろう。弱火にし、ガラス製の蓋がだんだんと曇って中が見えなくなると、水と油の音はさっきまでの賑やかさはどこへやら。うんともすんとも言わなくなっていた。

半熟にするためには書いてある時間より短い時間でという注意書きを守り、頃合いを見て蓋を開けると、ふわーっと立ちのぼる湯気の中からフチのついていない目玉焼きが現れた。思わず「わー！」と小さな声がもれる。

白いお皿の上にのせ、お箸の先で半円のドームをチョンチョンと突くと、わずかな弾力の後にプツリと薄い乳白色の膜が割れ、中からゆっくりと橙色の濃い黄身が流れ出る。これは理想の目玉焼きだと思わず顔がほころび、あっという間に一枚平らげてしまう。

結局買ってもらったこの料理の本で実際に作ったのは、目玉焼きだけだったような気がする。ハンバーグやロールキャベツなど子供心を躍らせるメニューがたくさん載っていたのに、私は眺めるばかり。今でもレシピ本を読むのが好きだがなかなか作ることはない。美味しそうだな、作れたら素敵だろうなとページをめくっていく時間が好きなのは今も昔も同じようだ。

初めて自分で作ったものを美味しいと感じたあの日以来、子供ながら張り切って家族に手料理を振る舞うと、その度に美味しいと言って食べてくれた。成功は自信につながり、また挑戦しようという意欲になる。その後私はごはん作りよりお菓子作りにハマるのだが、その時も美味しい美味しいと食べてくれる家族の言葉が嬉しく、何度もパウンドケーキを焼いていた（のちにお菓子作りはストレス発散の方法へと姿を変えた）。

朝ごはんのメニューとして簡単にできる目玉焼きを最近はよく食べるようになった。蓋を開け湯気がふわっと上がってくる度に、初めて一人で目玉焼きを作った日のことを思い出す。あの本がまた読みたいなあとも考える。

何をかけて食べるか、となると変わらず何もかけずに食べるのだが、ご飯の上にのせて半熟の黄身を絡めながら食べるのが至高だなと思っている。卵かけご飯とも違う、熱が加わり濃厚になった黄身の濃い味が、お米の持つ甘さに合うのだ。よく噛んで、よく味わい、空になったお茶碗の内側がところどころ黄色くなっているのを見ると、今日もよく食べたなと心もお腹も満たされる。

皆さんは目玉焼きに何をかけて食べるだろうか？　何もかけずに食べる方法がもっと市民権を得たいところである。ぜひ一度、お試しを。

辛いってなんだろう

私は辛いものが好きだ。けれど辛さのほとんどを感じることができない。辛いものを食べても何がどう辛いのか、その部分の味覚が非常に曖昧で旨味の方を強く感じてしまう。

思い返せば私の父は辛いものに目がない。家族で行きつけのラーメンを食べに行く時は高い頻度で真っ赤なラーメンを食べていたことが印象強く残っている。地獄のラーメンと名付けられたそれをすすると、父の唇は真っ赤になりヒーヒー言いながら満足げな表情を浮かべている。その時から辛いものを食べている人の様子は必死だけれど、対象物が美味しそうに見える気がすると感じていた。

その影響もあってか、私も父を真似するように辛いものに手を出すようになった。お味噌汁には七味唐辛子をドバッと入れ、一番お気に入りのスナック菓子はカラムーチョ。こんな生活を長く続けていくうちに次第に辛味の感覚が麻痺してきた。

ある時友人とゲームをしながらお気に入りのお菓子「暴君ハバネロ」を食べていた。友人は一つ食べてむせ返り、「こんなもの食べられない」と水をガブガブ飲んでいた。しかし私といえば、美味しくて仕方なく、伸ばした手が止まらない。今でも好きなお菓子の一つだが、辛さなど全くなく、強い旨味がやみつきになる。ぜひコンビニで常に売っていてほしい。

水を一滴も飲むことなく「暴君ハバネロ」を完食すると、友人は信じられないといった顔でこちらを見ていた。その反応が当時の私にとっても信じられないものだったのだが、そこで初めて自分の味覚がどうもおかしいことに気がついた。

辛味に強くなりすぎてしまうと困ることがいくつかある。

まず一に、バラエティで大変困るということ。

この中にハバネロソースを入れたたこ焼きがあります！　なんて企画がその昔あった。スタッフさんとしては食べた人が辛くて悶絶《もんぜつ》する画を撮りたいわけだが、おかしなことに誰も辛いと騒ぎ出さない。場は静まり、しまいには「本当に入れた？」なんてスタッフさんが疑われる。

「私が食べたかもしれません」

私は恐る恐る手を挙げた。

企画は台無しだった。しかし私には美味しいたこ焼きにしか感じなかったのだ。それ以来ロシアンルーレット的な企画には尻込みしてしまう。自分が当たってしまったらまた企画を台無しにしてしまうと、気が気ではない。

その二に、辛さの許容量がわからないということ。これもまたお仕事のお話になるが、とんでもなく辛いものを食べに行こうという企画に参加した。お店で料理ができるまでの間、アナウンサーさんがインタビューをしてくださっていたのだが、おかしなことに空気が段々と粉っぽさを帯びてくる。そこにいるスタッフさんたちが次々にむせ返り、目に涙を浮かべ、目も当てられない惨状になった頃、唐辛子パウダーをふんだんに使った地獄の釜のように赤い料理が登場した（これがなんだったのか失念してしまった）。

辛くはない。だから食べることはできる。けれど旨味はなかったように思う。なんだかよくわからない味の食べ物をみんながむせ返る中いただいて店を後にした。しかしその後悲劇は起こったのだった。

胃の中が火がチリチリと燃えるように痛むのだ。慌ててヨーグルトを飲んで休んでみたものの、胃の壁が火傷したような感覚でどうにもスッキリはしない。舌が辛味を感じないからといって、内臓も同じではなかったのだ。これまで様々な激辛料理に出会ってきたがこんな経験は初めてで、これまで出会った最強の激辛料理はこれだったのかもしれない。

私はこれまであらゆる激辛料理を食べてきた。このように体が悲鳴を上げたことはあったが、やはり辛いと感じたことはない。もはや辛いという味覚が本当に存在するのかと疑いたくなるほどだ。

　人に聞くと皆、痛いと言う。あの火を当てられたような痛みが舌の上で起こるのだとしたらそれは嫌だなあ。それでも人々は辛いものを求めるというのは不思議なことだ。

　辛いものにはストレス発散作用があると言う。言われてみれば私も疲れた時、自然と蒙古タンメンをコンビニで買っていたりする。普通に美味しくて求めているものではあるが、不思議なもので辛いものを食べていると自分の中に溜まったモヤが晴れていく気がする。体は芯からあたたまり、食べ終えた時には謎の達成感もある。

　ああ、そういえば困ったことはもうひとつあった。一定の辛さを超えるとしゃっくりが止まらなくなるのだ。内臓が刺激にびっくりしているようで、食べている間しばらく小さく体が跳ね上がる。これがとんでもなく恥ずかしい。蒙古タンメンをすすっている間もしゃっくりは関係なく出るものだから、麺が気管に入るんじゃないかと気が気じゃない。

　それでも私は辛いものが好きである。辛味は感じなくとも、辛味の中にある旨味がいい。食べるラー油をてんこ盛りに盛った卵かけご飯とか。サクサクとした食感と、ラー油とニンニクの味が卵と合わさると、こんなに手軽に美味しいものが食べられるのかとうっとりする（その後はできるだけ人に会いたくはない）。

　そんな感じで私は味覚が人とはちょっと違うようで。辛いものばかり食べているとこんな風に味覚に変化が起きるのだと、こっそりここに書き記しておこうと思う。

ちなみに、同じ辛いでもわさびとからしの辛味は人並みに感じる不思議。ロシアンルーレットはこの二つでやることを義務化してほしいものだ。

たべる

「はい、朝ごはん」

そう言って目の前に出されたのは湯気を立てた温野菜。大きなお皿の上に、鮮やかなオレンジに染まったにんじんや、ブロッコリーやジャガイモたち。

芯から冷えてしまいそうな朝にストーブの前で膝を抱え暖をとっていると、毎朝のように出された冬の定番メニュー。

添えられたマヨネーズをちょこんと野菜につけると、あたたかさで油が溶かされていく。ヘルシーなはずなのに、その油分にどこかジャンキーな味わいを感じてしまう。やみつき。

高校二年の夏に芸能界に入った。朝起きて学校に行くという当たり前のことができなかった私。遅刻はしょっちゅう。早退や欠席も月に何度もしていた不真面目な生徒が芸能界で仕事をするだなんて、誰もが無理だと感じていた。両親ですらどうせすぐに音を上げるだろうと思っていたそう。それでも人生は一度きりだからと私の背中を押し見守ってくれた。私はというと、十七年生きてきた中で一番根拠のない自信に満ち溢れていた。

　周りの人の予想を裏切るように私は仕事にのめり込んでいった。朝から夜までのレッスン、学校を早退して東京に向かう日々。相変わらず学校には真面目に通うことができなかったけれど、とにかくいてくれればいいからと言う先生たちの温情を受け、一限から五限までぶっ通しで寝ていたこともあった。

　ヘロヘロになって帰ってくると倒れ込むように横になり、食べないから体重はどんどん減っていき、気がつけば随分と頼りない体になってしまった。けれどそんな姿を見て周りの人は華奢で守りたくなるとか、細いのが好きと言ってくれた。母は時々私を抱きしめては体が薄くなっていく様子に不安を抱いているようだった。

　あれもとても寒い日だったような覚えがある。仕事を終えて帰ってきた私は両親の迎えの車に乗り込み不貞腐《ふてくさ》れていた。両親は帰る道中どんな仕事をしてきたのか、元気かどうかなど次から次へと質問をしてくる。この僅かな時間が一日の中のコミュニケーションの時間だった。私はそれに答えることすらしんどくて、後部座席で生気のない顔でシートに体を埋めているだけ。

「何か食べたいものは？」

「特にない」

「今日は寒いから温野菜作ろうか。気が向いたら食べてね」

かろうじて音になった返事だけをし私は目を閉じる。

いつものようにソファに横たわり、お風呂に入ることすらも億劫で。今日もこのままここで寝てしまおうかと夢と現実の境目を漂っていると、愛犬が顔をベロベロと舐《な》め食事ができたことを知らせてくれる。ベチャベチャに濡れた舌から逃げるように顔を上げると、

「はい、温野菜」

皿にはいつもの野菜たちがいつものように盛られていた。にんじん、ブロッコリー、ジャガイモ、玉ねぎに、かぼちゃ。もうろうとした意識の中に一気に色彩が飛び込んできて目が覚めた。水分がたっぷりと内包された野菜は、何もつけなくとも素材の味がしっかりと舌を捉えてくれる。添えられたマヨネーズをたっぷりつけると、塩気と油分に脳が震える。体のどこまでも、余す所なく、栄養という目に見えなかったものが駆け巡るのを感じた。ろくに食べていないからこんなに疲れ切って、感情もカラカラにひからびていたのかと、その時ようやく気がつくことができた。だからといって突然食べる量が増えはしなかったが、手を伸ばし、口を動かし、飲み下す。その行為がいかに重要か当時の私は黙々と野菜を食べながら意識の奥の方で実感をしていた。

枯れきった娘がやっと食べてくれたことが母を大変喜ばせたようで、それ以来朝ごはんの定番だった温野菜は、疲れた夜の定番に変わった。何も言わずともあたたかな蒸された野菜が出てきて、それを黙って食べる。美味しい、わけじゃなく、必要最低限の栄養を取

り込むような行為だった気がする。

時が経ち、今は自分の時間もそれなりにあり、忙しい時とそうじゃない時が交互にやってはくるけれど、心に余裕があり、落ち着きもある。それでも今も変わらずに蒸された野菜を食べ続ける時が一定期間訪れる。

作品に入ると役柄にもよるが自分と役柄の境界線が不分明になる。自分というものが気がつけばなくなっていて、食べることが疎《おろそ》かになることも。そんな時、ああ何か食べなくてはとなると、決まって野菜を切って蒸すのだ。視界にあるお皿の中の景色は昔見ていたものと変わらない。圧倒されるような鮮やかな野菜たち。喉の奥を通り、胃に収まると内側があたたかくなってくる。血が巡り、目の奥の重さも軽くなる気がして。リセットして、ニュートラルな状態になるのには欠かせない食べ物なのかもしれない。

これまでは電子レンジであたためたり、フライパンに薄く水を張って温野菜を作っていたけれど、思い切って蒸籠《せいろ》を買おうか今は検討している。心に水を与えてくれるメニューをより美味しく食べたい、その一心で。そうは言っても面倒くさがりな一面がひゅっと顔を出して「どうせ疲れてる時に蒸籠は使わないだろう」と正論をぶつけてくる。その声に反論ができないことがどうにも悔しい。

推しに捧げる手作りプリン

皆さんには好きな芸能人がいるだろうか？

アイドルや、歌手という人もいるだろう。私は今アイドリッシュセブンというアイドルグループを熱心に、それはもう熱心に応援している。

アイドリッシュセブンとはなんぞや、と思われる方もいるだろう。音楽に合わせて画面をタップする音ゲーと、物語が進行するノベルゲームが一緒になったスマホゲームの中に登場するアイドルグループがアイドリッシュセブン。

プレイヤーはマネージャーとなり、彼らをトップアイドルに成長させるべく、ともに奮闘していくのだ。

アニメ化もされ、メットライフドームでコンサートもし、現在アニメの二期も制作されている。三期の放送も決まった。めでたい！

四月一日は私の推しである四葉環くんのお誕生日だった。オタクという者の性《さが》だろうか。

推しの誕生日は祝わずにはいられない体になってしまったので、もちろん環くんのお誕生日をお祝いする。

お祝いの仕方は人それぞれ。絵を描く人もいれば、推しをチョコペンやパンケーキで器用に描く人もいる。私はそのどちらもできず、無難にケーキをホールで買い、バースデープレートを付けてもらおうかと二週間ほど前から考えていた。

しかし、しかしである。環くんの大好物は「王様プリン」と呼ばれるプリン。私は思考を巡らす。

推しの好物がプリンであるならば、やはりここはプリンで祝うべきなのでは、と。ケーキの代わりにプリンを用意する、というところまでは決まった。さて次は、買ったもので済ませるべきか手作りか。

お菓子を作るのは好きだ。しかしプリンは今までちゃんと作ったことがないのである。簡単プリンセット、みたいなゼラチンで固める系プリンであれば失敗もなさそうだが、作るのであればゼラチンというチート素材はできれば避けたい（それはそれで美味しいけど）。

ということで、推しの誕生日を祝うべく私は初めての手作りプリンに挑戦することにしたのだった。

ここまで読んでくださったアイドリッシュセブンをまだよく知らない方。ついてきてくださり感謝しかない。いったん簡易休憩を挟もう。

プリン、硬めが好きですか？　柔らかめが好きですか？

私は昔ながらの喫茶店の少し硬めのしっかりしたプリンが好きだ。カラメルはサラサラで、お皿の下に溜まっていて、上にはしっかり泡立てた生クリームがぽってりのっていたら満点。

さあ、話を戻して。プリンの作り方をクックパッド先生に頼り調べると、蒸し器がないと作れないのかと思いきや、深めのフライパンがあれば作れることが判明した。

用意する材料も卵、はちみつ、バニラエッセンス、牛乳もしくは豆乳。

まず、うちにはバニラエッセンスがない。卵の味をしっかり感じたいということにして、ここは割愛させていただいた。

冷蔵庫には、牛乳が……ない。豆乳はおそらくコップ半分くらいしか残っておらず、あるのはアーモンドミルクのみ。お菓子作りはレシピに忠実でなければいけないことを重々承知しながらも、アーモンドミルクでもプリンが作れることを信じ、これを使うことにする。

ということで材料は卵、はちみつ、アーモンドミルクに変更。きっと大丈夫。

作り方は至って簡単で、ボウルに材料を全部入れよーく混ぜる。泡立てるのではなく、混ぜる。そうしてできたプリン液をざるで何回か濾《こ》していく。しっかり濾すと混ざりきらなかった卵白がとれて滑らかな液に変化する。ここは仕上がりに影響するので念入りに。深めのフライパンに三センチほどの水を入れ沸騰させたら、容器に移したプリンを入れ蓋をして五、六分蒸す。これだけで簡単に蒸せるだなんてと私は感動した。

時間になったら十五分ほど置き、粗熱をとり冷やしたら完成！　なんて簡単！

完成したプリンはすが入ることもなく綺麗な仕上がり。書いてあるレシピとは違うアーモンドミルクを使ったので、もしかしたら上手く固まらないかもと不安だったがそこも大丈夫。

さあお祝いだと、持っている環くんグッズとプリンを並べ、誕生日に公開された動画を見ながらささやかなお祝いパーティーを開催した。

スプーンを入れると、ぷるぷるというより、しっかりした感覚が伝わってくる。どんなもんだろうかと初めての手作りプリンを実食したが、しっかりと卵の味！　はちみつの甘さも砂糖とは違うまろやかな甘さ。アーモンドミルクの味はそんなにせず、はちみつ風味のプリンという感じで大満足の出来になった。

こんなに簡単なら普段もちょっとしたおやつに作れそうである。今回はココットサイズのプリンだったが、もう少し大きいサイズで作る手作りならではの特別感のあるプリンも作れそう。

動画にも大満足し、最後までプリンを食べ切り、私は一つ重大なことに気がついた。

あ、カラメルソース作り忘れた。

ごめん！　環くん！　来年はもっと大きくてちゃんとカラメルありのプリンでお祝いするね!!

好物特急

子供の頃から凝り性だと思う。ハマったものを気が済むまで追いかけ楽しむ様はまるで目的地に向かって走り出す特急列車のよう。

頑固なところがある私は、幼い頃没頭していることを親に咎《とが》められても、今集中してるからやめて！　と頑《かたく》なだった。

それは食べ物に対しても同じで、苦手なものは頑として食べずに母を随分困らせた。食が細く嫌いなものが多かった私は、ホットケーキしか食べたがらない時があったそう。絵本に出てくるシロクマが美味しそうなホットケーキを焼くのを見て憧れていた。早く裏返そうとする兄に「裏返すのは生地にぷつぷつが出てきたら！」とかなり強めに言っていた覚えがある。

決まったものしか食べたがらない私に頭を悩ませた母は、大好物のホットケーキの中にほうれん草やにんじんのピューレなどを混ぜ込んでいたらしい。思い返してみれば、ほんのり緑がかっていたり、オレンジだった記憶がある。パクパクとホットケーキだけを食べていたとしても、私が何かを口にしていることを母はとても喜んでくれていた。

小学校低学年の頃はハーゲンダッツの虜だった。その頃『ホーム・アローン』や、海外のシットコムにハマっていた私。家で普段食べられるのは、手のひらに収まってしまう小さなカップアイス。しかし、作品の中のように巨大な皿に盛られたアイスサンデーや、パイントサイズのアイスを独り占めして食べることに強い憧れを抱いていた。

忘れもしないある年の元旦、事件は起きた。初詣に向かうために早朝に起きた私たち一家は車に乗り込むが、なぜだか私はぐずって行きたがらなかった。車酔いの酷《ひど》い私は乗車するや否や、電池が切れたように眠るのが常だったのだが、この日はどうにも眠れない。車内で癇癪《かんしゃく》を起こす娘にお手上げな両親におとなしくするための条件を叩きつけた幼き私の言葉は、

「おっきいサイズのハーゲンダッツ買ってくれなきゃ嫌だ」

サービスエリアに売っていたパイントパッケージをどうにか探し出し、傲慢な小娘に買い与えると、さっきまでの癇癪が嘘のように静かにアイスを貪り始める。夢だったアイス独り占めに満足した私は、後部座席に控えめに収まりながらせっせとスプーンを動かしアイスに夢中になっていた。

アイスを半分ほど食べた頃に母が「気持ち悪くなるからその辺でやめなさい」と言うけ

れど、お構いなしに食べ続ける。車の揺れに合わせ胃の中の液体が音を立て始める。お腹はパンパンに張っているのにもったいないからと一口、もう一口と食べ続けると、ある瞬間から頭の中で赤信号が点滅し始めた。「気持ち悪いかも」と呟くと、父は慌てて路肩に車を止め、私は外に出た瞬間に胃の中のものを全部吐き出してしまった。

言わんこっちゃないと兄に咎められて落ち込んだ私は、吐いてしまったショックもありふさぎ込んだままシートに横になった。

好きすぎるが故に食べすぎて痛い目に遭うことは他にもあった。わかめスープを飲みすぎた時は、一晩中パンパンに張ったお腹を母がずっとさすってくれていた。またある時は、蟹の食べすぎで胃が破裂するかと思ったことも。

その年は親戚一同集まって蟹の食べ放題をしていた。調子に乗って食べすぎ、膨らんだ胃がどうにもならず、一晩中苦しい思いをし続ける。それ以来、また苦しくなるのではと考えてしまい蟹が怖くて食べられない。テレビで蟹の食べ放題特集をしている様子を見るとそこに映っている人たちのお腹が心配でならない。

しかし、蟹が苦手になって喜ばしかったことは、みんなが脚に夢中になっている間「蟹味噌、いただきます」と甲羅を一足お先に楽しめるところだ。

今でもハマるとそればかりを欲してしまうところは変わらない。トマトにハマればトマトばかり、納豆にハマれば納豆ばかり。ここ数年はかき氷にご執心。いろんな店を渡り歩き、胃の限界まで食べている。本当に懲りないなと思う。

そこへ今年に入って新たに現れたハマりものがココア。基本的にジュースの類は飲まないようにして、家には水か炭酸水を常備している。それと時々コーヒー。ココアを飲んだとしても四年に一回のオリンピックペース。その四年ぶりにココアを飲んだところ、美味しさに衝撃を受け幼い頃の記憶が蘇ってきた。

昔は休日になると家族で喫茶店にモーニングを食べに行っていた。そこで出てくるココアが大好きで、兄も私も決まって頼んでいたのだ。大きなグラスの上にホイップクリームとカラースプレーがちりばめられたカラフルでぽってりとした印象のシルエットは惚れ惚れするほどポップで、パフェよりもこのココアが喫茶店の花形だった。

実家のココアはとても濃厚だ。シチュースプーンに山盛り三杯の粉で作る。それにならい同じように作っているのだが、周りには甘すぎる！　多すぎる！　太るよ！　と言われる。しかし、薄味よりはしっかり甘い方がいいではないかというのが持論である。これまで多すぎることで痛い目を見てきたにもかかわらず、ここにきてもまだ懲りないのだ。

私にも言い分がある。ココアは冷え症にもいいし、幸福効果もあるらしいのだ。このように言い訳と戯《ざ》れ言《ごと》を並べ、保身に勤《いそ》しむのだった。

誰でも作れる絶品フレンチトースト

食パンの美味しいところ。それは白くてふわふわな真ん中の部分。私はそこが好き。朝食に出されたトーストの真ん中だけ綺麗にくりぬいて食べる毎日。パンの耳は茶色くて、硬くて、どうしたって美味しそうに見えなかった。

そんな私が夢中になったのがランチパック。出会った時は素晴らしい食べ物だと感動した。だってパンの耳がないんだから！　それに加えて中にクリームやら、卵やらが挟んであるサンドウィッチのようなのに、印象の全く違う食べ物。

一口食べれば幸せな気持ちでいっぱいで、嫌なこともどこかへ消えていくほど美味しく、ランチパックを見つけると必ず買ってもらい、嬉々として食べていた。一時期はランチパックしか食べていなかったと思う。

一番のお気に入りはなんと言ってもピーナッツ味。家にあるのはいちごやブルーベリージャムばかり。あの濃厚なピーナッツバターはどこにもなく、ランチパックを食べる時しか出会えない存在だった。舌をねっとりと包む味を感じながら、アメリカの子供たちのサンドウィッチにはたっぷりのピーナッツバターが塗られていることを思い出す。日本でもお弁当がピーナッツバターサンドならどれだけいいか。こんなに甘く、濃厚で、とろけてしまいそうなスプレッドは唯一無二。それがお弁当箱を開けると出てくるだなんて！

しかし我が家にはピーナッツバターの瓶が置かれることはなかった。なぜなら私が全部舐めてしまうから。好きなものとなると私は際限がなくなる。コーヒークリームの粉や、ココアの粉を器に移し食べていたことで何度怒られたことか。だからこの母の判断は賢明だったと思う。

そんな好きなものを吸い込むように食べる魔神だった私も、年齢が上がるにつれランチパック離れをしていった。しかし、ある日コンビニの棚を見ると「深煎りピーナッツ（粒入り）」なるものが。懐かしさを感じて買って帰り、食べてみるとこれがまたひっくり返るほどの美味しさだった。子供の頃に初めてピーナッツ味を食べた時を思い出す衝撃が舌から脳に向かって一直線に走った。とにかくピーナッツの味が濃厚で、そこに細かな粒の食感がアクセントになってる。単調にならない味わいを楽しみながら夢中で食べた。

それから見かけると必ず手に取っていた深煎りピーナッツ味。ある日、これをそのままフレンチトーストにしたら美味しいのではと私はひらめいた。思い立ったが吉日。すぐさま卵を割って、卵液を作り、そこにランチパックを浸し一晩寝かせる。翌朝、黄色く染まったひたひたでじゅわじゅわのランチパックを取り出し、たっぷりのバターを溶かしたフライパンに置くと、バターの香りがジュッと広がる。

両面にこんがりと焼き色がつくまで待つ。お皿に盛って、さらに追いバター。フレンチトーストの上を滑り落ちていく姿がなんとも愛おしい。

いざっと意気込みナイフを入れると、しっかりと止められた四隅はわずかにカリッとした音を立てた。そして中から容赦なく溢れ出すピーナッツバター。甘い匂いと、ビジュアルに我慢できずに慌てて食べると、中があつあつで痛い目を見た。しかし、とろけるピーナッツバターのフィリングとたっぷりの卵液に浸っていたパンの部分が、普段食べるランチパックとはまったく違う表情を見せてくる。一手間加えてこんなに美味しくなるのなら、これからフレンチトーストはこれで十分だと思える出来栄えだった。

それからというもの、家でフレンチトーストを食べるならこれと決めている。何度作ってもとろっと溢れ出すピーナッツバターを見る度に、その艶やかな輝きにうっとりしてしまう。

ちなみに別の味でも美味しく食べられる。私のお気に入りはハム＆マヨネーズ。お惣菜系のクレープやパンケーキがあるなら、しょっぱいものと合わさったフレンチトーストだってあっていいはずと作ってみた。こちらはあたたまったマヨネーズがクセになる美味しさ。どうしてマヨネーズは熱を加えると美味しさが格段に上がるのだろうか。

気をつけるのは生クリームが挟まっているものだ。焼いてしまうとクリームが中で溶けるので、切った時にドローっと流れ出てしまう。まあ、その流れ出た液状のクリームにつけて食べるのもまた格別なのだが。

これはとてつもない余談だが、あたためるクリームで思い出したお話を一つ。ミスタードーナツのエンゼルクリームをレンジで十秒ほどチンするのもおすすめ。これもクリームが溶け出してしまうのだが、その溶けたクリームをドーナツに吸わせて食べると別次元へ飛びたくなるほど美味しい。なので私はエンゼルクリームはあたためたい派。邪道だとしてもこれが至高。

ランチパックも、ドーナツも、まさかこんな風に食べられるとは思っていないだろう。私もまさかの出来事。きっとフレンチトーストだけでなく、ホットサンドにしても美味しいはず。薄いパンの部分がカリッとして、中はホクホクで。ああ、お惣菜系には絶対に合う。

しかし、うちにはホットサンドメーカーがない。理由は簡単である。自分で具を挟んで焼くのが面倒くさいから。でも、ランチパックで作ればその億劫な工程がスキップできるじゃないか……！　これは新たなランチパックの楽しみが広がったかもしれない。むふふ。

天津飯

ある日、友人と出かけていた時、目の前にミニストップがあった。夏も近づく頃で店先に掲げられた旗にはハロハロの文字。

「ハロハロ食べたことないなー」とこぼすと、友人の首がギュインと音を立ててこちらを向いた。「一緒に食べたけど。しかも買ってきたけど」と言われ、私はハロハロに負けないくらい真っ青になる。思い返せば、確かにその友人はハロハロを食べたことがないと言う私のためにわざわざご馳走《ちそう》してくれたことがあったのだ。

「そうでした、ごめんなさい」と素直に謝罪をしてことなきを得たのだが、私は本当に記憶力が悪いことを改めて自覚する。実はこういうことは一度や二度ではない。食べた事実はあるのに、一体全体どうして忘れてしまうのだろうか。

自分に起きた出来事を外付けハードディスクに保存できればいいのだが、残念ながら現在の医学では叶えようのない夢である。自分でも不思議に思うくらいだが、おそらく他にも食べているはずなのに食べたことがないと勘違いしているものや、経験したはずなのに忘れていることがまだまだあるはずだ。

勘違いは恐ろしいもので、思い込みによって世界の景色が変わってしまう。

去年、番組収録中に自分が天津飯を食べたことがないことに気がついた。そのことを話すと周りには驚かれたのだが、本当に食べたことがないのか、今改めて自分自身を疑っている。

食べたいものがある時、その味を思い出すことがある。例えばドーナツなら小麦特有の香ばしい風味と、柔らかい生地を噛んだ歯触り、目が覚めるような甘さ。けれど、天津飯は味を思い出そうにもなんだかよくわからない。頭の中もこれという味が見つからないままでいる。おそらく酸っぱくて、見た目的にトロッとしてて、グリーンピースがのってるよね？　ってくらいだ。

ロケ弁のメニューにもあるし、中華料理屋さんにも並ぶとてもポピュラーなメニューだが、これまで一度も食べるタイミングがなかった気がするのだ。いやいや絶対あったでしょと、現場の方にも言われたが、無意識的に自分では選んでいなかった。

そもそも天津飯とはなんぞやと思い調べてみると、驚くことに冷やし中華と同じく日本でできた中華風料理らしい。

私には好んで食べないものがいくつかあるが、その中に冷やし中華がある。なぜ好んで食べないのかというと、独特な酸味と甘味のあるつゆがどうにも受け入れ難い。愛知県では冷やし中華にマヨネーズをかけて食べるのが定番だが、周りの方にあれって本当なの？美味しいの？　と聞かれても、数えるほどしか食べてこなかったので、多分美味しいんだと思いますと曖昧な答えを返す。

何度かマヨネーズをかけている現場に居合わせたことがあるが、食べ終えた後の白濁したつゆにポツポツと丸い油が浮いているのを見ると、胃のあたりがムカムカして渋い顔になる。そういうものってないだろうか。

天津飯を知るにあたり、ネットでたくさんのレシピや画像を検索した時もなぜか同じような気分になった。これを書いている今も、頭の片隅に黄色い卵のドレスをまとった天津飯嬢が鎮座しているのだが、ツヤツヤとした餡《あん》がかかっているところを想像すると、内臓の奥がズンと重たくなっていく。

カニカマで彩られて、上に可愛らしいグリーンピースのアクセサリーが添えられ、時には椎茸の渋い色がドレスの素敵なアクセントになっている。しかしあまりにもツヤっと、テラっとして、もっと控えめで大丈夫ですという気持ちになる。

さらに私を混乱させるのが、かに玉の存在である。このかに玉、れっきとした中華料理であり、向こうでは芙蓉蟹《フーヨーハイ》と呼ばれているそう。これをご飯の上にのせた創作調理が日本の天津飯にあたる。今まで天津飯といえばドラゴンボールのキャラクターのイメージだった私はもうパニックだ。中華料理であり、中華料理でなく、かに玉とは似て非なるもの。ここまできてはっきりと理解はした。しかし私はかに玉も、天津飯も食べた記憶が全くない。

卵とご飯がベースになって作ることができる料理は様々。加える調味料と調理法で出来上がりは随分変わってくる。卵かけご飯、オムライス、天津飯、他にもいろいろ。これって食材をドレスアップしてるみたいだ。

具材はアクセサリーやドレスのようで、調味料はコスメ。味付けしながらメイクアップをしていくと思うと、一方的に苦手意識を持っている天津飯も愛らしく感じてくる。日本でできた中華風料理だが、きっと擬人化したらおしゃまな中国の女の子だろう。黄色いドレスに、翡翠《ひすい》色のネックレスをつけて、小首をかしげてお皿の上に座ってる。

冷蔵庫に卵が二つ残っている。今晩天津飯を作りなさいとささやく声が聞こえるが、多分今じゃないなと先延ばしにしておきたい。

麺ていつからすすれました？

実は食べているところを見られるのが得意じゃない。

そのくせ、人の食べているところを見るのは好きだ。矛盾している。

これは子供の頃からで、食べているところを人に見られているとどうにも居心地が悪くなってしまう。気を許した人であれば大丈夫になってきたが、食べ方が汚くないか、間違ってないだろうか、スピードが遅くないか、早すぎないか。考えることが多すぎて味どころじゃなくなったりする。

友人には美味しそうに、気持ちよくごはんを食べる人が多い。彼女たちの食べっぷりを見ていると、それだけでこちらまで幸せになるほどだ。

特に友人MMは食べるとガッツポーズをし始める。

「よっしゃ！」

「うまー!!」

「優勝！」

どんなものにでもそう言う彼女が気持ちよくて好きだし、何より食事をする時にこんなに髪を振り乱す人がいるだろうかと、なかなか興味深い。私もこんな風に清々しく美味しいものを美味しいと言って食べたいと、羨ましく思うのだ。

そもそもどうして私が人前で食事をすることに苦手意識があったのかをひもといていこう。

おそらく、学生時代に一人で食事をとることが多かったから、と定かでない記憶を辿《たど》り考える。

両親は共働きで、兄は部活と塾で忙しく、自然と一人で食事をすることが増えていた。あまり真面目に学校に行ける人間でもなかったので、登校時間はとうにすぎた時間に起きて、朝ごはんを食べたり食べなかったり。

十七歳で仕事を始めると、集団生活が始まり、弁当をみんなで食べたり、仕事で食事をすることも増えていった。

そこからは特に、誰かに見られている、ということを意識してしまうようになり、緊張してなかなかごはんが喉を通らない。

番組の中で試食をすることにはもう慣れたが、それでも僅かな緊張感が今も残っている。

私は箸を正しく持てなかった。テレビで一度間違った箸の持ち方のまま試食をした時に、ネットで行儀が悪いと指摘されたことがある。ごもっともな意見だ。

もちろん、両親は根気よく私に箸の持ち方を教えてくれたが、当時の私の意地の方が勝ったわけだ。

「こんな持ち方じゃごはん食べられない」

と母に強く言って突っぱねてから指摘をされなくなったが、あの時素直に言うことを聞いてちゃんと覚えていれば、両親に恥をかかせずに済んだのにと後悔した。

当時のマネージャーさんにも、

「これから活躍したり、お芝居をしていきたいなら、箸はちゃんと持てないとダメだよ」

と指摘され、そこから箸をちゃんと持つ練習を始めたのだった。

もう一つの試練が私の前に立ちはだかる。それは、麺をすする、ということ。

私は麺類を食べるのが驚くほど遅い。子供の頃よく家族でラーメンを食べに行ったのだが、食べても食べても麺が減らない。私の食べるスピードより、麺が伸びていくスピードの方がはるかに速かった。お腹はいっぱいなのに、どれだけ食べても器には麺の姿が変わらずある。わけがわからず、

「おばけラーメンだ！」

と言って私は店の中で大号泣した。

なぜそんなにも麺を食べるのが遅いのか、理由が最近になってわかってきた。それは麺がすすれなかったから。

ずずずっと美味しそうに音を立てて麺を食べる姿というのは日本人であれば、気持ちのいい食べっぷりだと思うだろう。私はそれができず、草を喰《は》む動物のようにチマチマと口に運んでいた。そりゃあ麺も伸びる。

そんな時『まんぷく』というNHKの朝ドラの出演が決まった。このドラマはインスタントラーメンの開発者である安藤百福さんがモデルになっている作品であり、劇中ではラーメンを食べるシーンがちらほら。

これはラーメンをすする練習をせねば！　と意気込み、麺を食べるのが異常に速い友人に連絡をし、

「麺のすすり方を教えてくれ！」

と頼み込んだのだった。当然、相手には意味がわからないといった顔をされたので、目の前で勇気を出して麺をすすってみせたがうんともすんとも。

「今までテレビとかでどうしてたの？」

「すすれてる風に食べてた」

啞然《あぜん》とした顔をされたが、快くレクチャーを引き受けてくれたので感謝しかない。

しかし、ここからが大変。麺をちゅるちゅるとはすすれても、ずずずっとはなかなかい

かない。

思いっきり吸い込むことがキモ！　と教えられたので、毎日口を窄《すぼ》めて、大きく息を吸い込む練習をした。

これがロングブレス健康法かってくらいきつい。腹筋がギュギュッと縮まり、お腹が凹み、いい運動になる。

半月ほど練習した後、ついにずずっと麺がすすれるようになった。

よく考えると、東京に出てきてからラーメンをお店で食べたのは数えるほどしかなかった。誰かとごはんとなっても麺類の選択肢が出てこなかったのは自分が麺をすすれないということと、それが原因で食べるのが遅いことを無意識に恥ずかしいと思っていたからかもしれないと気がついたのだ。

最近またドラマの中で麺類を食べるシーンがあり、もう慣れた吸い込みでずずずっと食べていたら、

「とっても綺麗に食べるね」

と、メイクさんからお褒めの言葉をいただいた。あの日の呼吸法トレーニングは無駄ではなかった……。

今でも食べるシーンや、会食をしたりする時は緊張する。

やはり家でだらっと、自由に食事をしたいものだ。

包むのか落とすのか

人に見せることはないが、私は自分が食べた食事の写真を撮っている。この時は張り切ってこんなもの作ってたなとか、こんな侘《わび》しい料理をわざわざ撮らなくても、なんてものもある。要はいい時と悪い時の差が激しいのだ。

私は卵かけご飯が好きで、何を作るか考えたくない時はすぐに頼ってしまう。そこに納豆を入れれば立派な食事（生卵と納豆を合わせることに関する栄養面での話は気にしない。美味しいことが何よりも重要）。あまりにも卵かけご飯ばかり食べている時は、もう写真すら撮らない。

他には一体何が定番メニューだろうかと写真をおくっていく。すると銀色の塊が皿の上にのっている写真が何枚も出てくる。これはと思いよく見てみると、そのどれもがホイル焼きの写真だった。私のごはんフォルダにはかなりの確率でこの銀色の塊が登場する。

私は魚が好き。けれど魚焼きグリルの片付けほど面倒なことはなく、家にはないものとして考えている。焼け落ちた脂を水で流している時間は排水溝を掃除しているのと同じくらい憂鬱だから。それでも魚は食べたい。しかも手軽に。

フライパンで焼いてもなかなか魚の脂を落とすのは気が滅入る。肉とは違う鼻につく臭いがどうにも得意ではない。そんな私に救世主のように現れたのがホイル焼きなのだ。

何がいいって、包めばそれでおしまいなところ。アルミホイルの上に魚と好きな野菜を放り込み、しっかりと包み込む。ここで少しでも穴が開いているとそこから汁が溢れ出て、旨味が一気に流れ出るので要注意。フライパンの上にのせ、少し水を足して蓋をして、蒸し焼きで十分ほど経てば、立ちのぼる湯気の中から柔らかく火の通った魚が現れる。

以前読んだ漫画の中で、ホイル焼きパーティーなる素晴らしい会が開かれていた。ホットプレートの上に自分たちで好きな具材を包んだホイルをのせ、蒸し焼きにしていく。どれを選ぶかは自由で、人が作ったホイル焼きは開けるまで何が入っているのかわからない。目の前を覆うように漂う湯気の中からのぞく具材に、目を輝かせるキャラクターたちの表情が印象的だった。

ホイル焼きは優秀なのだ。白身も赤身もどちらも美味しく食べられるし、ハーブソルトをかければ洋風に、塩やポン酢でシンプルに食べてもいい。鮭ならキャベツやきのこと一緒にバターと味噌を落として包み焼けば、フライパンを汚すことなくちゃんちゃん焼きの完成。

それに魚だけでなく、他の海鮮（貝やエビなど）やお肉だってホイルで包めば美味しくいただける。ささみにチーズをのせてホイルに包んで食べると、茹でたり焼いたりするのとは違う、噛んだ瞬間に歯に湿度を感じるような食感になる。

何度も言うが、汚れた洗い物が出ずに美味しいものにありつけること。これが最大の魅力だと思っている。包んだまま上手に食べることができれば、なんとお皿も汚れない。食べ終わったホイルは汁を流せば丸めてゴミ箱へポイッ。これでおしまい。洗い物はサラサラーッと流れるように終わるので、浮かれて鼻歌を歌いたくなるほど。

多い時は週に三度は食べている。特に夏が終われば鍋かホイル焼きか、というくらい食卓に上がる。これでいいのだろうか。写真を見返して思った。

以前白米を一番美味しく食べる方法について友人と議論した時「卵かけご飯」と話したところ「それは甘えだ」と言われた。卵かけご飯は卵を割って、醤油をたらし、混ぜるだけ。限りなくレトルトに近い料理かもしれない。

だから友人の言い分もわかりはする。味の濃い青椒肉糸や豚キムチと一緒にかき込む白米も最高に美味しいからだ。けれど私はシンプルな卵かけご飯という調理法に頼ってしまうのである。白米の美味しさをさらに引き出す方法は無限にあるのに、手近なもので手を打とうとしているのだ。

ホイル焼きだって同じではないだろうか。いくら美味しいと言っても、これもホイルの上にぽいぽいと具材をのせていくだけのほぼレトルト料理なのではないだろうか。心の隅が燻《くすぶ》り始めた。

もっと美味しく、魚の持つポテンシャルを引き出す方法があるはずだ。魚焼きグリルを嫌っていては料理の世界が狭まるだけである。私はそう思い立ち、ある秋の夜、数年ぶりにグリルで秋刀魚を焼いたのだった。ジリジリと焼ける音とともに秋の香りが漂ってくる。二尾焼いた秋刀魚の片方はそのまま食べ、もう片方はご飯とネギと合わせて混ぜご飯にしよう。それを明日現場に持っていこうかなどと考えていると、かけておいたタイマーがわーっと鳴り、慌てて火を止めた。

いざ！　っとグリルを開けると、そこには美味しそうに焼けた秋刀魚。ではなく、肝の部分が焼け落ちた不憫《ふびん》な姿の秋刀魚。

ああ、一番美味しい部分が焼け落ちてしまった。

そしてグリルの受け皿には脂と肝の残骸が浮かんでいる。

ホイル焼きを極めし者になる、とあの秋の夜、一人こっそりと誓った私だった。

本当は教えたくない店

人には教えたくない店というのがある。私やその周りの、同じ情報を共有している人たちだけの特別なお店。二十代後半になってそういった隠れ家的なお店が増えてきた。行き馴れたお店に行くと気持ちが落ち着く。美味しい料理でお腹も満たされ、日々の緊張して張り詰めた気分もふわふわと緩んでいく。そこになんでも話せてしまう相手がいればなお良しである。

静岡県三島市にある三嶋大社に初詣に行くことが恒例行事になっている。これはいつから習慣になったのか定かではないが、私は三嶋大社のおみくじに絶大な信頼を寄せている。小袋の中に金色に光る小指の爪ほどのお守りが入っていて恵比寿様や小槌、カエルなどその種類は様々。そのひとつひとつに意味があり、おみくじの結果とあわせて今年は何が出るだろうかと楽しみにしているのだ。肝心のおみくじも折に触れて読み返すと、その時心がモヤッとしていることへのアドバイスとも取れる文章が綴《つづ》られていて、これまで助けられてきた。安心と信頼と実績の三嶋大社のおみくじなのである。

お参りに行くようになってもう随分と経つが、数年前に訪れた時父が「美味しい蕎麦があるから食べに行こう」と伊豆の修善寺へ連れていってくれた。

両親は以前もそのお蕎麦屋さんを訪れたことがあったようで、行きの車の中で本当に美味しいんだからと言うばかり。そんなに美味しい蕎麦ならさぞ立派な店構えだろうと思いきや、たどり着いたお店はとても小さく、簡易的な小屋だった。トタン屋根から幕が垂れ下がっている様子は昨今なかなかお目にかかることのない佇《たたず》まいである。見た目のインパクトに慄《おのの》いている私をよそに、両親は意気揚々と幕をくぐり店の中へ入ってしまう。店内には八席ほどしか席がなく、狭小であるがカウンターの向こう側から気の良さそうなおじさんとおばさんが迎え入れてくれる。

私たちの他にはお客さんはまだおらず、店主のおじさんは運がいいねと声をかけてくれた。

座るや否や目の前に生のワサビとおろし器が出てきて、するように促される。生の新鮮なワサビはスルスルとすりおろせる。ツンとした香りではなく、甘い香りがふわりと鼻を掠《かす》めていく。

お店のメニューはなんとコースの一つだけだった。店内には有名な方のサインや、テレビで取り上げられた時の写真などがぎっしりと貼られていた。

出てきたのはざるの上にのった一つかみほどの冷たい十割蕎麦。上にわずかに塩がかけられた塩そばなるものだった。これをどう食べればいいのやらと悩んでいると「すったワサビをのせてよく混ぜて食べるんだよ」と父が教えてくれた。

おろしたての柔らかなワサビをちょこんとのせ、言われたようによく混ぜて食べると、これまで食べてきたざる蕎麦の概念が変わるほどの衝撃が走った。十割蕎麦のしっかりとした食感。ワサビの甘さとツンとした刺激が塩のおかげでひとまとまりになっていく。なんだこの美味しい蕎麦は！　っと顔を上げると、店主さんが満足そうな顔をしてこちらを見ていた。美味しいでしょうと言いたげだった。

あっという間に塩そばをたいらげてしまい、もっとたくさん食べたかったといじいじしていると、今度は白い器に入ったあたたかい蕎麦が出てきた。器をのぞき込むと湯気で顔があたためられる。琥珀《こはく》色のつゆの中にはゆずの皮が少量浮かんでいた。まずはつゆをといただくとほんの一かけ程度なのにしっかりとゆずの香りが鼻に抜ける。深く息を吐いてしまうほどの高級感のある味だった。

この日は店内でサツマイモの天ぷらを揚げていて、あたたかいお蕎麦に添えて出してくれた。中はほくほく、外はさっくり。つゆにつけて食べると、衣が適度にしんなりとして、こちらもペロリ完食。

コースといってもこの二品で全ておしまいである。金額はなんと五百円。

お会計をする母の横にいた私は、こんなに美味しいものがワンコインでいいのかと、目が飛び出るほど驚いた。女性がほどよくお腹が満たされる量ではあるが、上品な味付けのあの蕎麦にはワンコイン以上の価値が確かにあった。もっと出したいくらいだ。

店を後にした直後も、両親と足湯に浸かっている間も、私の頭の中は塩そばの美味しさが頭から離れない。あれは人生のナンバーワン蕎麦に間違いないと確信しながら、味を繰り返し思い出してもう食べたくなってしまっている。

今は初詣の後にこのお蕎麦屋さんに行くことも我が家の恒例行事になっている。塩そばを食べるまでが初詣なのだ。あの素晴らしい蕎麦を味わうために、もっとコンスタントに訪れたいが、年に一回食べられることを楽しみにしている。

昨年の初めに訪れた時、塩そばにかかっている塩は一体どこの塩なのかと盛り付けるところをじっと見つめていた。こんなに美味しいんだ、さぞ上質でいい塩を使っているに違いない！　と思っていたのだが、なんと近所のスーパーでも売っている普通の塩を使っていた。塩は普通に買えるものであっても、おろしたての新鮮なワサビと、こだわりの十割蕎麦があの美味しさを作っているのだろう。

本当は教えたくない店だが、あの塩そばの美味しさは一度体験してもらいたいものである。

Re：天津飯

今回は皆さんにお詫びをしなければいけないことがある。これは重大なことだ。数回前に掲載された「天津飯」の回についてである。

その回で私は「天津飯を食べたことがない」と書いていたが、数年前の名古屋のテレビ番組で食べていたことが判明した。ホンジャマカの石塚さんと並んで天津飯を食べる姿がファンの方々の手によってSNS上にあげられているのを発見し、「やらかした」と頭を抱えた。

私は本当に記憶の一部分が抜け落ちていることが多く、度々このようなことが起きてしまう。このエッセイを書くことになった時も自分の記憶を頼りに書くので、いつかこんな記憶違いが起きるだろうと予測していたのだ（だからと言って言い訳にはならない）。

食べたことがあるはずのものをどうして忘れてしまうのか。その原因は謎に包まれたままである。食べた天津飯の味を思い出そうにも記憶の中に手がかりはひとつもなく、頭が混乱するばかり。食べたはずの天津飯の写真はトロトロの絹のような細かい卵がふんわりとかけられた美しいものであった。

先日この話を楽屋でマネージャーさんとメイクさんとしていた時、天津飯の中身、ご飯問題へと話題が発展していった。私の書いたエッセイを読んだマネージャーさんは、仕事終わりに天津飯をテイクアウトしたそうで。しかし、帰宅するまでにトロトロの餡が全てチャーハンに吸い取られ、食べる頃にはチャーハンはべちゃりとし、白米の天津飯が好きなマネージャーさんはさらにがっかりしたそうだ。

天津飯にそこまで詳しくない私は知らなかったのだが、卵の下にあるご飯は白米、チャーハン、ケチャップライスと、いくつか種類があるらしく、それはお店ごとに違うよう。上にかける餡の味付けが地域によって違うことは知っていたが、まさかご飯にまでバリエーションがあるとは……。益々天津飯の実態がわからなくなっていく。

聞いた話を私なりにまとめると、メニューに書かれた「天津飯」の文字だけでは中身がどの味付けのライスなのか知ることはできない。スプーンで黄色の山をかき分けた時に初めて中身がわかるというなんともスリリングな食べ物。

「私は白米が好き。ケチャップライスだったらがっかりしちゃうなあ」

「わかります。結局白米が一番ですよね」

「メニューの横にライスは何味って書いてくれてたらいいよね」

と二人が話しているのを聞きながら、なんだかオムライスみたいだなと考える。

オムライスも中のライスは、白米、ケチャップライス、チキンライス、バターライスなど、様々なバリエーションがある。そこに加えて上にのせる卵は薄焼き卵や、トロトロの半熟卵を滝のようにライスにかけたり、ラグビーボール型のものを割ってみたり、くるりと包み込んでみたり……こちらもまた組み合わせがたくさん。

ここへさらに上にかけるソースの違いまで出てくるんだから、なんとバリエーション豊かな食べ物だろうか。

私はチキンライスをくるっと巻き込んでケチャップをかけたオーソドックスなオムライスが好きだ。ここで中身がケチャップライスだと非常にがっかりしてしまう。ケチャップライスとチキンライスを同じと思う人もいるかもしれないが、二つは全くの別物だと認識している。なぜなら、チキンが入っているかどうかで口に入れた時の贅沢度合いが違うからだ。一口食べて味わう時、ころっとしたチキンの存在がどれだけ重要か。周りを包んでいる卵が舞台だとすれば、ケチャップで炒められたチキンライスは花形スター。卵が主役じゃないの？　と思われるかもしれないが、違うのである。やはり中に包まれたライスがいかに美味しいかが味の決め手になるのだ。すなわち主役はライスなのである！

理想的なのはミックスベジタブルが入ったチキンライス。一口、二口と食べていくと断面がカラフルに彩られ、見ているだけでウキウキしてくる。

今日はオムライスを作ろうなんて日は、玉ねぎ、ミックスベジタブル、チキンを炒めて作っていく。巻き込む卵はたっぷりのバターで焼くと甘いバターの香りが鼻に抜けた後、酸味をまとったチキンライスが後を追いかけながら舌の上で踊っていくのだ。どの具材も個性的な歯応えがあり欠かせない役者たちである。

何度口に運んでも子供心を思い出させてくれる素敵なチキンライスのオムライス。だからこそシンプルなケチャップライスに当たった時は、食べる楽しみを奪われた気分になるのだ。

天津飯のライスの違いによる一喜一憂は私には未知の領域であるが、親戚のようなオムライスに変換すれば物事の端っこだけだが理解できる。どちらもバラエティ豊かなカスタマイズのできる食べ物で、シンプルかつ手軽に食べることができる。今もまだ、天津飯への苦手意識がある私だが、中華版オムライスと思えば日常的に食べる日がそう遠くないかもしれない。

今回もまた、冷蔵庫には賞味期限の迫った卵がたくさん。……天津飯リベンジはお店でしたいので、今日はオムライスを作りましょうかね。

土曜日の味

休日のお昼といえば何を食べていただろうか？　我が家はマクドナルドか、麺類か、チャーハンか。それらを食べながら吉本新喜劇を見るのがお決まりだった。

お昼に食べるチャーハン、ちょっと濃いめの味付けで塩胡椒がしっかり振られている。ジューッという音が台所から聞こえてくるとワクワクした。

ラーメンもお昼に出てくる時は袋麺（夜はカップヌードルからラ王）。上にはレタスやにんじん、もやしがのせられて、どんぶりで出てくるだけでお店みたいだと毎回感激していた。

大人になって自分で袋麺を作ると、洗い物が面倒くさくて鍋から直接食べることが多い。ザ・ラーメンどんぶりなんてものは家にはないからだ。そう思うと、実家にはラーメン用のどんぶりも、親子丼用のどんぶりもあったし、すき焼きは鉄鍋で、食器が豊富にあった。あるのが当たり前と思っていたけれど、いざ一人暮らしになるとそのひとつひとつを集めることも、収納場所を確保することも大変である。だから和洋中、何にでも使えそうなお皿ばかり揃えてしまう。

焼きそばも大きなホットプレートを出して焼いていた。日曜日ならマルちゃんの袋麺を箸で突き合いながら家族で食べ、土曜日なら日清の焼そばが一人一皿ずつ。

私はこの日清の焼そばが特別お気に入りだった。台所にある戸棚をのぞいて日清焼そばの赤いパッケージが見えると、それだけで週末が楽しみになるくらい。

細い麺は食べやすく、黄色っぽい麺が粉末のソースを振りかけるとあっという間に茶褐色に染まっていく。食欲をそそる粉末ソースの香りは、チューブに入っているソースとは香り方が全く違う。匂いだけで今日は日清の焼そばだとわかるほどだった。

具材をたくさん入れなくても美味しく食べられるところもいい。入っているのがキャベツだけでも十分なくらいだ。

両親の帰りが遅かった日、家には私と兄だけ。待ちくたびれた私たちは鳴り続けるお腹を持て余し、台所へと旅立った。

菓子パンは、ない。冷蔵庫の中にプリンやゼリーも、ない。アイスもない！　カップ麺の入った棚には、日清焼そばだけが置かれていた。

「これを作るぞ」

兄は力強く言い放った。しかし、私は兄が火を使うことが不安でしょうがない。

あれはまだ四歳くらいの頃、私は高熱を出して寝込んでいた。両親は少しの間家を留守にしていて、三つ上の兄と二人きり。スポーツドリンクのペットボトルを抱え込みぐったりしている私をよそに、兄は父のライターを擦って遊んでいた。ティッシュに火を近づけたり離したり。火がつきそうでつかないスリルを彼は楽しんでいるようで、私はそんな姿をぐったりしながら眺め、ペットボトルがひんやりして気持ちがいいなとうつらうつら。するとめ視界の端で赤いものがワッと広がり、慌てた兄の声とともに私の手元からスポーツドリンクが奪い去られた。

ゴミ箱の方から焦げた臭いが漂い、

「絶対に秘密だからな」

と空になったペットボトルを突き返される。熱を出していた私にとっての命の水、スポーツドリンクがなくなったことが相当ショックだったのか、そのまま両親が戻ってくるまでポロポロ泣き続けていた。

帰ってきた両親は部屋の焦げ臭さと、スポーツドリンクの海になったゴミ箱を発見し、兄をこっぴどく叱っていた。それ以来、兄が火の前にいると何か起こすのではと僅かに不安な気持ちになるのである。

しかし空腹には勝てない。

ここは兄を信じるしかないとコンロの前に立つ彼の斜め後ろに臨戦大勢でスタンバイし、息を潜めて焼きそばの完成を待ったのであった。

出来上がったのは茶色一色の具なし焼きそば。お皿の上にはこんもりと盛られたテラテラと光る麺。匂いはいつもと同じ空腹を増長させるソースの香り。食べるとシンプルにソースの味だけが舌の上を広がっていく。美味しい美味しいと二人であっという間に食べ、

「土曜日の味だね」

とおかわりまでした。兄と二人で料理をしたのはそれが最初で最後だったように思う。

この時食べた具なし焼きそばがあまりにも美味しく、今でも日清焼そばを作る時は具なしと決めている。シンプルイズベストである。なんなら水を少なめに入れ、濃いめの味付けにして楽しむ。自分のためだけの料理というのは気が楽で、味付けも自由自在。焼きそばはこれから先もずっと、このスタイルでいいくらいだ。そして食べると土曜日の味だなあと物思いに耽《ふけ》りたくなるのである。

皆さんの休みの日の味はなんだろうか。今の子供たちは休みの日のお昼って何を食べているのだろう。今も変わらず、チャーハンや焼きそば、ラーメンであってほしい。

このメニューって休日のお昼ごはんのヒーローなのかもしれない。

侮るなかれ、かき氷

私はかき氷フリークである。始まりは数年前に仕事で行った台湾だった。一泊二日の仕事で帰りの便までの僅かな時間「台湾で有名なかき氷屋さんに行きませんか？」とスタッフさんが見せてくれた写真は日本のかき氷とは違い、どれも眩しいくらいカラフルだった。マンゴーの目が覚めるような黄色、いちごのピンク、ミルクティーやコーヒー味のクリームがかかったブラウン。全く観光らしいことができていなかった私は台湾の思い出にこれは食べてみたいぞと連れて行ってもらうことにした。

夏真っ盛りの台湾はかき氷日和。お店の中も超満員だった。メニューを見ながら一体どれを頼もうかと悩んでいたが、スタッフさんたちが「かき氷全種類頼みましょう」とYouTuberみたいなことを言うもんだから、軽率にその提案にのった（数年前なので記憶が定かではないが、大人六人でかき氷五種類くらいだったと思う）。

向こうでは一つのかき氷を二人でシェアしてちょうどいいと言われているらしく、かなりのボリュームだったがどれも格別に美味しい。みんながギブアップしていく中、私は一人黙々とスプーンを動かす。手を止めてしまえば氷がどんどん溶けていってしまう。

今まで食べてきたかき氷とは違う濃厚な味付け、口の中でするりとほどける食感は感動的で、黙って氷をかきこみながらかき氷の虜になったのだ。

日本に帰ってからもあの美味しさが忘れられず、そうして東京で食べられるかき氷を探し回る日々が始まった。

かき氷といえば夏のイメージである。暑い日にキンキンに冷えた氷を頬張る。シャリシャリとした食感を楽しみ、縁日では赤、黄色、緑、青といった見ているだけで涼しくなる色合いのシロップから何味にしようかなと子供の頃はよく考えたものだ。

しかしこの数年、日本のかき氷のスタイルは随分と変化を遂げている。夏になるとテレビや雑誌でかき氷特集が組まれ、日本全国の有名店が紹介されるようになったのでご存じの方もいるかもしれないが、かき氷は急激な成長を見せている。昔懐かしい氷の良さは残しながら、様々な個性を見せるユニークなスイーツになっているのだ。

ここで私が声を大にして言いたいのは、夏に食べるかき氷はもちろん美味しいが、かき氷は年中美味しいということ！

春だろうが、秋だろうが、冬の雪が降りしきる日であろうが美味しさは変わらない。裏切らない。

いつだったか雪が積もっていくのを眺めながらかき氷を三つ平らげて帰ったが、人生のベスト10に入る幸福度だった。その時は安納芋と塩バターソースのかき氷と、ピスタチオとラズベリーのかき氷、クレームブリュレのかき氷をいただいた。

空から降ってくる雪とほぼ同じ物質を食べているのかと考えながら、暖房のガンガンに効いた店内でコートを羽織ったまま湯気の立つ飲み物とともにかき氷を食べる。格別に美味しい。

真冬にも食べるなんて信じられないと言われるが、こたつでアイスと同じだと考えるとわかる方もいるのではないだろうか。

かき氷とひとくちに言ってもバリエーションがかなり豊富だ。夏は定番のいちごや抹茶などがよく出るが、四季折々の果物などを使ったソースやシロップがお店ごとにある。氷から季節の移り変わり、旬を感じられる。

いちごのかき氷一つとっても、丁寧なさらりとしたシロップもあれば、かなり濃厚なジャムに近いものもある。果肉がごろごろと入ったシロップを崖のように削った氷の上に豪快にかけるパターンも。

ベースになる素氷（何もかかってない氷）にそのままシロップをかけるところもあれば、ミルクなどのベースシロップをかけたり、中までしっかり味がするように段階分けをしてシロップをかけていくお店もある。中にクリームやカスタード、パイ生地を入れて食感を出しているところも。

それって美味しいの？　と思うかもしれないが、これが美味しいのである！　たとえるなら、氷でできたパフェ。グラスの中にクリームやクランブル、様々な味や食感のものが積み重なり、一つのスイーツとして成立している。クリームを使ったとしても決して氷と合わさって水っぽくなることはなく、腕のあるお店であればあるほど氷は溶けにくくクリームはゆるくなりにくい。ふわふわの氷と、滑らかなクリームが合わさる瞬間が、涙が出るほど幸福な気分になる。

自粛期間が明けた時、ずっと我慢していたかき氷を食べに行った。一番お気に入りの、醤油クリームとナッツを使ったかき氷、これをかならず一番最初に食べると決めていた。真っ白な氷の丘に添えられた生成色のクリーム。みたらしのような風味があまじょっぱくてたまらない。それがミルクベースの氷と合わさった時うっとりとし、息を吸い込んだら涙が滲《にじ》んだ。まさかこんな感情でかき氷を食べる日がくるなんて考えてもいなかったが、美味しさとまたかき氷にありつけたことが心の底から嬉しかったのだ。食べれば食べるほど感動が押し寄せ、ダバダバとみっともなく流れる涙を拭いながらカリカリと歯応えのあるキャラメリゼされたナッツを噛み砕いていた。

氷は時間が経つほど溶けてしまう。サーブされたら直ちに、一秒でも早く食べることをおすすめする。私も流れる涙を拭いながらもガツガツと食べていた。溶けて水になってしまった氷ほど悲しいものはないからだ。

かき氷は自分の前に置かれた瞬間が一番美味しいのだと覚えおいてほしい。

と、ここまで熱くかき氷への思いを語ったが、夏はどうしてもお店が混むので私にとってはオフシーズン。きたる私のオンシーズンに向けかき氷欲を蓄える日々である。

可能性無限大果物

一時期、取り憑かれたように桃を食べていた。『君の名前で僕を呼んで』という映画を見たのが引き金だったと思う。イタリアを舞台にした作品で、予告で「君の名前で僕を呼んで、僕の名前で君を呼ぶ」という台詞にこの上なく自分の核を揺さぶられた。なんという濃密な愛の言葉。こんな甘すぎる愛のささやきに出会ったのは初めてだった。

この言葉をちゃんとした文脈で浴びねば一生の後悔になるだろうと、意気込んだ私は映画を見に行ったのだが、終わった後に残ったのはプラムという果物の官能さばかり。指に食い込む果物の実や、指をつたい肘へと流れ落ちる汁の様子が頭から離れない。帰り道、衝動的に桃を買い、台所で皮を剝《む》いてそのままかぶりついた。そして桃を題材にした小説を書こうと心に決めた。

時を同じくして、ネット上で桃とアールグレイのマリネなる食べ物が流行っていた。毎日のように桃を食べていた私はそろそろ純な桃の風味に退屈し始めたところで、まあ試してみるか程度の気持ちで作ってみた。

レシピを見ながらも疑心暗鬼。桃とアールグレイとは一体どんな味になるのか。茶葉の食感が桃を邪魔しないのだろうか。考えるほどに本当は美味しくないのかもしれないと疑ってばかりいた。

くし切りにした桃にグラニュー糖をまぶす。しばらくすると水分がジュワッと染み出してくる。白菜やきゅうりに塩を振って水分を出すことは知っていたけれど、砂糖をまぶしてもじんわりと水分が出てくることが興味深かった。そこに細かくしたアールグレイの茶葉をまぶしていく。一気に紅茶の香りと桃の香りが混ざり合い、んっ！　と気がつくことがあった。これは、ピーチティーの香りだ。途端に感じていた不安は消え去り目の前のボウルの中に入った桃に期待感を持つ。

私は紅茶の中でも特にピーチティーに目がない。あの紅茶の香り高さの中に訪れる桃の風味がたまらない。甘いと簡単な言葉では片付けられない、複雑な迷路の中に隠された特別な風味なのだ。

茶葉が馴染んできた桃を、マスカルポーネチーズとともにお皿に盛ると、立派なデザートに変身した。さっぱりとしたチーズとマリネした桃の親和性は抜群で、それからしばらく毎朝これを食べていた。本当にハマるとそればかりになってしまう。

毎年桃が並び始めると、映画を思い出し素手で食べ、その後にきちんと皿に盛って、最後はマリネにするまでが私の桃の楽しみ方になっている。少し硬さの残るものでも、よく熟れたものでも、マリネにしてしまえばたちまち絶品に早変わり。そして桃を食べながら、一番セクシャルな魅力のある果物はこれだなと思いを巡らす。

そうしてもう一つ。

スーパーで桃が終わると柿がこっそりと並び始める。私はしめしめといった気持ちでカゴに柿を入れていく。この桃と柿の間の季節が私にはとってパラダイスな時期である。

柿ももちろんそのままいただいたって美味しいのだが、これをサラダに変身させていく。きっかけはとある女優さんがSNS上で、柿とルッコラのサラダなるおしゃれなものを紹介していたこと。柿は果物であり、食事になることなんてあるのだろうか、しかもサラダとはと驚いていたものの、興味がある自分の気持ちには嘘がつけない。ルッコラを用意し、そこに切った柿を放り込んでいく。オリーブオイルとバルサミコ酢をまぶし、生ハムを添えたら完成。柿は深い緑の中に転がって、その橙色がいっそう強く映える。ごくりと喉を鳴らしてからいただくと、柿の爽やかな甘さと、熟れきらず歯応えのある硬さがサラダのメインとして存在していた。やだ、美味しいじゃないの！　と一人感動し、おわかりの通り、柿のサラダ生活が始まった。

ルッコラがない時はベビーリーフを。生ハムだけでなく、小さなモッツァレラを入れてもいいし、粉チーズも相性がいい。バルサミコ酢は気分によって変えてみたりと日々アレンジを加えて食べているうちに、秋の定番のサラダになっていた。見た目も華やかで、お友達を呼んだ時の食卓にもぴったりの逸品として、秋はこのレシピに大変助けられている。

意外な食べ物の組み合わせが新たな美味しさの扉を開いてくれることをこの二品に出会って知ることができた。思い返せば肉料理にオレンジや、ベリーのソースが添えられているのも、果物が持つ特徴的な酸味や甘味が新たなアクセントを足してくれるからなんだと合点。これらの果物もじゃーっと肉と一緒に炒めるだけでお家の料理が、街のおしゃれなレストランの味にグレードアップする。初めてレストランで、「ベリーソースです」なんて説明された時は喉の奥がひっくり返ってきそうな感覚になったけれど、食べてみると納得のマリアージュ。初めてこの組み合わせを考えた人はすごいなあなんて、ウニを初めて食べた人ってすごいよねと思うのと同じ感覚で軽率に思ってしまう。

最近は柑橘類をぽいぽいサラダの中に入れて、ナッツ類をまぶして食べるのがお気に入り。こちらは冬の定番になりそう。さっぱりした味わいはバルサミコ酢や他のヴィネガーとは違う、柑橘の持つ爽やかさが口の中で目一杯弾けてくれる。冬なのに、口の中は夏の爽やかさ。

朝日とハッシュポテト

ハッシュポテトを食べて泣いたことがあるだろうか？　私はある。

あれは東京へ帰る新幹線の中だった。マクドナルドのサクサクのハッシュポテトを食べた瞬間、さらさらと涙が溢れ出した。美味しかったから、ではなく、そうしなければ自分が保てなくなりそうだったから。些細《ささい》なきっかけが、ほつれていたマイナスの糸をぐいっと引っ張ってしまったのだ。小さなほつれはあっという間に大きな穴になり自分一人の手ではどうにもできないものになっていた。

新幹線の窓から朝日が差し込んでいた。人目を忍んで肩を縮ませ、サクサクサクサクと食べ続ける。ハッシュポテトがあるうちは、まだ食べているものが美味しくて泣いている人に見える。食べ切ってしまえばたちまちただの泣いている人になってしまうから。私は限りなく小さな一口で細かくサクサクサクサク食べ続けた。

それ以来やりきれない悲しさを感じるとハッシュポテトを食べたくなる。けれど私の食べたいハッシュポテトは朝にしかありつけないのである。気持ちが落ち込んでしまう時の多くは夜で、布団にくるまり限界まで小さくなりながらあの小気味よい咀嚼《そしゃく》音を思い出す。

人生の中でそうやって悲しさをやり過ごさなければならない局面があると考えている。大人だから、耐えなければ、と踏ん張っても、やはり人は人。大人なんて肩書きは関係なく、涙がとめどなく出る時はあるのだ。

家に帰りたくない時。夜道をフラフラ歩きながらこれはどこかで何かを食べて帰らないとダメだと、ままならない気持ちを抱えて彷徨《さまよ》うことが時々ある。そういう時も頭の中でサクサクと音が鳴り続けているのだ。ふらりとカレーを食べに行ったり、蕎麦を食べたり。でも頼んだメニューが届くまで、一人ほうけてしまう。目の前に現れた食べ物を無感情で胃の中に押し込むと、悲しさに重たさが出たような気がしてさっきまで飛んでいってしまいそうだった体がずっしりとし、なんとか地上にいることができる。相変わらず頭の中ではサクサクと音が鳴っているけれど、家に帰って、猫がいて、早くごはんをくれとせがまれる。そうして全てを受け止めてくれる柔らかな布団で眠りの中に落ち、どうにかいつもの自分に戻れるのだ。

大人になることは楽しいこともあるけれど、自分の機嫌は自分で取らないといけないのだと、こんな状況になると思い知らされる。いつも誰かが助けてくれるわけではないのだ。

それでも生きていれば悲しいことはどうしたってある。周りから影響され悲しみにくれる日もある。相手に何をしてあげられるだろうかと落ち込む時も。そんな時、この人も悲しさに包まれて、涙を流しながら何かを食べたことがあるだろうかと考えてしまう。悲しみや辛さを噛み砕き飲み込むために、何かを口にすることがあると思うのだ。

サクサクというあの小気味いい音といったいいつまで付き合うことになるのだろうかと最近考えた。あの日泣きながらハッシュポテトを食べていた自分の姿を斜め上の目線から記憶している。不思議だが思い返すと新幹線の座席の中で小さく肩を震わせている自分がいるのである。

つい先日まで撮影していた作品で似たような場面があった。その場面を撮影している時も私の頭の中にはハッシュポテトの咀嚼音が虚《むな》しく響いていた。自分の経験と、演じている人物の経験が完全にではないが、通じるところがあったことに安堵した。

監督が「食べることとは生きることなんです」と語っていたが、新幹線の中で涙した日、私は深い悲しみの中にいたけれど、確かに空腹を満たそうとしていた。気持ちは後ろ向きだろうと、命をつなぐ行動をしていたのである（大袈裟かもしれないが作品を終えた今はそう思えるのである）。

このやるせない思い出もどこか愛おしく思える。あの時の悲しみは今も根深く残っているが、こうして誰かに話すことができる時点で一つ乗り越えているのかもしれない。嫌なことも、辛かったことも、傷が残っても笑い話にできれば一歩前進。そんな気持ちで。

魔法の時間

私は小学二年生の頃から祖母と同居していた。それまでは忙しい両親の職場で食事をとることが多かったのだが、祖母と暮らすようになり家で夕食を食べる機会が増えていった。祖母は料理上手で、「冬は寒いし夏は暑いから台所に立ちたくない」と言いながらも、私たち家族のために美味しいごはんを振る舞ってくれていた。兄の好きだったハンバーグや、お鍋いっぱいのおでん。祖母の作る餅巾着が好きで、冬はそれを食べるのが楽しみだった。祖母の料理の中で特に好きだったのは餃子。

祖母の作る餃子は丸々と太った見た目をしていて、噛むとぷつりと皮が切れたっぷりの具が溢れ出してくる。少食気味だった私も餃子ならいくらでも食べたいと、次から次へと口へ運んでいた。無限に食べられる気がするくらい美味しかったのだ。

先日白菜の使い道に悩んでいた時、ふと白菜餃子を作ってみようかと思いついた。キャベツの代わりに白菜。しっかり塩を振って水を出せばきっと上手くいく。

みじん切りにした白菜に塩を振り、三十分ほど放置しておくとしっかりと水が抜けてくれる。ニラも同じように細かくし、豚ひき肉と混ぜていく。調味料を足して具材をこねながら、子供の頃もこんな風にお手伝いをしたことを思い出した。

学校から帰って台所をのぞいた時、祖母が餃子の準備をしていると飛び上がって喜んだものだ。一度に五十個ほど包むのでその作業は大変なものだったと思う。お手伝いが好きではなかった私も、手伝っていいかと尋ね不器用ながらに一生懸命に具材をこねたり、皮を包んでいた。

子供が包む餃子って独特な奇妙な形をしている。自分が包んだのとわかるようにそうしていたんだと思うが、綺麗なひだのついた餃子と並ぶと随分不恰好。それでも、祖母や両親はこれが玲奈の包んだものねと手をつけてくれた。

もちろん母が餃子を作ってくれる日もあった。綺麗な包み方を教えてもらいながら、普段は長く聞いてもらえない学校でのことや、自分の好きなものの話を次から次へとしていく。喋《しゃべ》ってばかりいて手が止まってしまっても、母はひとつひとつに相槌を打ちながら手際よくどんどんと皮を包んでいく。そうしているうちにあっという間に全部を包み終えてしまうのだ。

一人でキッチンに立ち、一人で皮を包む。昔より随分早いスピードで綺麗に包まれた餃子ができていく。静けさにほんの少し寂しさが湧き上がってくる。餃子を包むあの時間が私は好きだった。母が話を聞いてくれたり、シワのよった祖母の手が手際よくひだを作っていく魔法みたいなあの時間が。

浅いフライパンに餃子を敷き詰め焼いていく。水で溶いた薄力粉を流し込むと一気に水が沸騰し、簡単に静寂を消し去っていく。慌てて蓋を閉めながら上手く羽付きになるだろうかと台所を行ったり来たり。

蓋を開け水分を飛ばしていくと、縁の方が薄く綺麗な羽になっていた。

大きなお皿にひっくり返すのは緊張の一瞬。お好み焼きやパンケーキをひっくり返すのを失敗しがちな私なので、熱々のフライパンからお皿へ上手く移動させることができるのか。お皿をフライパンの上へのせ、息を止め、一気にぐるんと手を返す。手の動きは高いところから落ちた時のようにゆっくりと見え、たった一瞬なのに随分と長い時間をかけてひっくり返した気分になった。

お皿の上にはよくできた羽付き餃子が。

実はこの時初めて自分で餃子を作ったのだった。大成功。なかなかやるじゃないかと自分を褒めながらお味噌汁と白米とともに並べていく。

ひとつ失敗してしまったのは隣り合った部分の皮がくっついてしまったこと。しっかり焼いたけれど、どうしたらくっつかずに焼けるのだろうか。もう少し火を入れてもよかったのか？　まだまだ研究の余地がありそうだ。

中に入っているのが白菜だと言われなければわからないくらい、白菜餃子はキャベツの餃子と遜色ないくらい美味しかった。祖母や母の味とは違うけれど、これはこれで大満足である。二十五個もあった餃子はあっという間になくなってしまい自分でも驚いた。白菜が消費できずに困った時の救世主レシピとして活躍してくれそうだ。

餃子の写真を母に送ると、「上手に焼けてるね」という返信とともに、

「画面でお仏壇参りしてね」

と実家の仏壇の写真が添付されていた。斬新なお参りだけど祖母に「上手に餃子ができたよ」と報告をしておいた。届いているかは正直不安である。

牡蠣とお酒とハワイの香り

まだ随分と小さかった頃、母が長期の旅行で家を空けたことがあった。親戚のおばさんとともにハワイに行ってくると旅立ち、一週間ほど離れ離れの生活。こんなことは初めてだし、当時はハワイってなんだ？　と状況もよくわからないまま心細い時間を過ごした。見たこともない大きなキャリーを引っ張って帰ってきた母からは、いつもの匂いとは違う匂いがした。お土産がたっぷり詰まったキャリーからも同じ匂い。色をつけるならピンク色をした香り。スンスンと鼻を鳴らしながら、これがハワイの匂いなのかもしれないと感じていた。

翌日には母はもう日本の匂いに馴染んで、クセになるあの甘美な香りはしなくなってしまったが、もらったお土産からはいつまでもハワイの香りがしていた。

母は爬虫類《はちゅうるい》が好きな私に虹色のトカゲのぬいぐるみを買ってきてくれた。手のひらに収まるサイズのそれは光に当てるとキラキラと輝き、ぎゅっと抱きしめると綿の代わりに詰められたハワイの砂からふわりとハワイの香りが漂う代物だった。甘い香りが恋しくなるとトカゲのぬいぐるみに顔を近づけてはうっとりとした気分になっていた。このことがきっかけで私の中でハワイは、魅惑的な甘い香りのする場所として記憶されたのだった。

二十代前半の頃、なんと仕事でハワイに行くことが決まった。

これまで訪れたいくつかの国は、飛行機を降りたところからその国の匂いみたいなものがあった。きっとハワイは母がまとっていたのと同じ香りがするのだと期待を膨らませる私。

無事に日本を発《た》ち、降り立ったハワイ。思いっきり空気を吸い込むと、思ったのとは違う鼻の奥にグッと入り込んでくるフローラルな香り。そんなはずはないと何度も匂いを確かめるけれど、私の覚えていた匂いはどこにも漂ってはいなかった。長年の恋が破れたような気持ちを抱えつつも、撮影はとても楽しく初めてのハワイを満喫する日々が続いた。

朝食に出された限りなく黒に近いドロッとした食べ物。上にバナナやいちご、ブルーベリーなどがふんだんにのっているが、その下に潜む謎の黒に尻込みし食べることができなかった。数年後それが日本で大流行し、アサイーボウルということを知ることになる。

他にも有名なパンケーキ屋さんに連れて行ってもらい、山のように絞り出された生クリームを前に目を輝かせた。その時には既に日本で流行っていたお店だが、本場で食べられたことがとても嬉しかったのを覚えている。ザ・ダイナーといった感じで気負わずふらっと来て、朝食を食べていけるような親しみのある店内だった。

二度目にハワイを訪れた時はスターバックスの瓶詰めコーヒーに随分ハマり、一緒に行ったみんなで毎日のように飲んでいた。コーヒー牛乳を煮詰めたような甘い味で、おそらくバニラ味だったと思う。毎日のように飲み、キャリーに何本詰めて帰ることができるだろうかと真剣に話し合ったりもした。結局、万が一キャリーの中で割れたりしたら大惨事だと諦めたが、あの瓶コーヒーは今でも恋しく思う。

ガーリックシュリンプやロブスター、ステーキなど、ボリュームのすごい料理もたくさんあったし、ポリネシアンレストランにも連れて行ってもらったが、ハワイでとった夕食の中で一番印象深いのは生牡蠣である。

日本でもなかなかお目にかかれない大きな生牡蠣が貝殻の上でツヤツヤと光っていた。ぐるりと円を描くように並べられたそれを私たちは一つ、また一つと飲むように食べていく。その時ふと生牡蠣とお酒が合うと、とある漫画に書いてあったことを思い出した。普段は仕事の場でお酒を頼まないが、この時は海外に来ているからか気持ちもどこか開放的。スタッフさんに日本酒を頼んでもいいかと確認をし、オーダをしてもらうことにした。

ハワイで日本酒と生牡蠣だなんてチグハグ。そう感じながらも、つるんと生牡蠣を飲み、そこへ日本酒を流し込む。独特のえぐみが日本酒によって角が取れ、アルコールのカーッという熱さの奥に磯の香りが抜けていく。

大人の味だ。

お酒と食べ物がこんなにも合うことを初めて知った。周りにいたのは成人組だけだったので、お猪口《ちょこ》を回しながら牡蠣と日本酒のマリアージュに舌鼓を打つ大人な夜になったのだ。

しかし基本的にお酒は弱いし、その数年後に牡蠣にあたって大惨事を巻き起こしたことはまた別のお話である。

結局母がまとっていたハワイの香りの正体はハワイに行ってもわからなかった。しかしあの香りはココナッツの芳香剤の香りかもしれないと思っている。ドンキホーテで売っている車にぶら下げる葉っぱの形のやつ。あれとほぼ同じ香りがする。

私が幼い頃に恋焦がれたハワイの香り、ドンキに売ってるのでぜひ確かめてみていただきたい。

ああ、愛しの台湾

私は無類の台湾好きである。台湾があまりにも好きすぎていつかは暮らしたいと思うほど。何がそんなにいいのかと聞かれると、なんといってもごはんが安くて美味しいところ。そして街の雰囲気と、現地の方の人柄がとても好き。みんな意思表示がはっきりしていて清々しい。

初めてプライベートで台湾を訪れた時は、バックパック一つに数日分の荷物を詰め込み日本を発った。初めての主演舞台が終わった後で、息抜きもかねたご褒美旅行だった。仕事以外の渡航は初めてである。

現地でコーディネーターを頼むこともなく完全なる一人旅である。飛行機のチケットも、ホテルの予約も全て自分で行い、ちゃんと手配できているのか不安を抱えたまま台湾へ向かった。

台湾での楽しみの一つが朝ごはん。台湾では外で朝食を食べる人が多く、早朝から開いているお店が多い。テイクアウトした商品を手に出勤していく人々の姿が印象的だった。

台湾の豆乳、豆漿《ドウジャン》に私は目がない。初めて台湾を訪れた時から「台湾の豆乳は日本のとは違うんだよ」と聞いてはいたのだが、飲んでびっくり。豆っぽい風味がなく、さらりとした口当たりで軽いのなんの。ほんのりと甘さもあり、スルスルと喉の奥に落ちていく。気をつけなければあっという間に飲み干してしまいそう。

初めて飲んだお店が特別美味しいお店だったのかと思いきや、どのお店で飲んでもコンビニで買った豆漿でも必ず美味しいのである。そんな豆漿を使った朝ごはんが鹹豆漿《シェンドウジャン》。砂糖の入っていない豆漿にお酢を入れてあたためると、おぼろ豆腐のようにもろもろと固まる。そこにお醤油や小葱、ザーサイ、小海老が入っているシンプルな食べ物だ。日本の卵かけご飯くらいポピュラーな食べ物なのではと私は考えている。

この鹹豆漿のお気に入りのお店が「鼎元豆漿《ディンユアンドウジャン》」。台湾を訪れた時は必ず行く場所である。ここの鹹豆漿はお酢の分量が少し多め。後味をぐっと締めてくれる味わいが気に入っている。細かな具材たちは器の中では存在感は控えめだが、味を支える縁の下の力持ち。特に小海老がいい仕事をしている。小さいからといって侮るなかれ。

トロリとしたスープをレンゲでかき混ぜると、湯気がふわりと立ちのぼり朝の胃に「美味しいぞー、美味しいぞー」と訴えかけてくる。そしてトッピングとして台湾風の揚げパン、油條《ヨウティヤオ》も忘れてはいけない。鹹豆漿の中にも少量入っているが、時間とともに水分を含みふやけてしまう。これでもかと鹹豆漿を吸って美味しいのだが、カリッとした小気味のいい食感を楽しみたい私は、油條を別で注文する。フランスパンほどの長さの油條のビジュアルに初見は慄くものの、鹹豆漿と一緒であれば食感を楽しみながらペロリと完食してしまう。

この油條をパンにサンドした焼餅《シャオビン》油條というメニューも、現地の方の多くが購入していた。薄焼きのパンの中に揚げパンがサンドされたビジュアルはインパクト強めで異才を放つ。思わず「なぜ、パンにパンを挟む……」と口にしてしまう。未《いま》だ食べたことがないが、大きな口を開けて焼餅油條を頬張る人たちは皆幸せそうだ。おそらくしっとりした外のパンと、サクッとした中の歯応えがやみつきになるのだろうか。私の中で未知の食べ物として存在しているが、日本にも焼きそばパンがあるように炭水化物+炭水化物は万国共通の正義なのではと考えさせられる。ぜひ、次は挑戦してみたいものである。

そしてまだまだある定番朝食。蛋餅《ダンビン》というおかず系クレープ。これは日本にあるクルクルと巻いて食べ歩きできる可愛らしいクレープとは違い、卵焼きのような形状。一口サイズに切られて提供され、中には卵やハムが挟まって種類が豊富だ。生地がもちっとし、噛めば噛むほど生地の甘みと具材のしょっぱさが口の中で融合していく。咀嚼している時間が幸せでいっぱい。ずーっと、もちもち、もちもち、もちもち。何も考えず、只々口の中の柔らかな弾力に集中できる。そして夢中になっているとあっという間にお皿が空っぽになってしまう悲しさ。朝の小腹を満たしてくれるちょうどいいサイズのメニューである。

台湾の私の定番朝食は、あたたかい鹹豆漿を頼み、油條をプラス。そこに蛋餅も頼み、既にあたたかい豆乳スープがあるにもかかわらず、冷たい豆漿も頼む。これは店内を出た後にも楽しむためである。このメニューでもお腹がいっぱいになるにもかかわらず、台湾にいる時の私は胃がはち切れんばかりに食べる傾向がある。行ってしまえー！　とここに小籠包五個セットを頼むのだ。

朝食で小籠包が食べられるなんて、なんたる幸せ。

一人で机いっぱいのご飯を頬張っていると、相席をしていた現地のおじいさんが「あなたは美味しそうに食べるね」と柔和な笑顔を浮かべ声をかけてくれた。少し恥ずかしかった。

おじいさんの日本語が上手なことに驚きながらも「台湾はごはんがとても美味しいです！」と器とレンゲを手にした食いしん坊スタイルのまま答えると、それはよかったと声を上げて笑ってくれた。

本当に台湾はごはんが美味しい。台湾の食文化に私は深く深く魅了されている。

「鼎元豆漿」の器には実は日本語が隠れている。なんと書かれているかは、訪れた人だけのお楽しみということで。

ゴキゲンなあんぱんレビュー

愛知県民の性なのか、時折無性に小倉マーガリンが食べたくなる。

地元ではコンビニでもスーパーでもよく見かけるのがＰａｓｃｏの「サンドロール小倉&ネオマーガリン」。しかし、東京に出てきてびっくりなのが、どこに行ってもお目にかかることがない。

昔は小倉トーストとか、小倉マーガリンなんて言うと「それって美味しいの?」とけげんな顔をされたが、最近ではあんことマーガリンの組み合わせが市民権を得てきたのか、コンビニが自社ブランドで小倉マーガリンのコッペパンを出したりしている。世間が愛知県の味覚に寄り添ってきていると密かに感動している。

しかし、私の中の小倉マーガリンといえば、やはりＰａｓｃｏのサンドロールのあの細長いパンである。子供の頃からおやつとして大活躍してくれた、思い出深い菓子パン。青色が目印の袋から細長いスティックタイプのパンを少しずつ出して食べてみたり、ちぎって食べてみたり、今日はどうやって食べようかなと考えるのがこの上ない幸せだった。なぜあんなにも美味しいのに日本の西側でしか流通していないのか不思議でならない。ぜひ関東、いや、全国でも食べられるようになればと切に願うばかりだ。

それに名前もキモである。ただの小倉マーガリンではなく、小倉&ネオマーガリン。ネオとは〝新しい〟という意味らしい。普段マーガリンはあまり食べないのだが、ネオマーガリンと聞くとどうしたってワクワクしてしまう。

愛知県のモーニング文化では小倉トーストがポピュラーなメニューである。さくっと焼けたトーストの上にあんことバター、もしくはマーガリン。トーストは山型の厚切りパンだと尚良い。

おうちでも食べられるメニューではあるが、モーニングで食べることに意味があるのだ。朝から外食なんてちょっと贅沢な気分じゃないか。だから昔は、週末に家族で喫茶店に朝ごはんを食べに行くことがとても楽しみだった。

といっても、モーニングは値段も重要。お得感がなければいけないのである。そうでなければ「あっちのお店はヨーグルトも付いているのに、ここのお店より安いのよ」なんて噂になることもあると、昔母が言っていた。愛知県民は値段に関してシビアなのである。

残念ながら、今の正確なモーニング事情は私にはわからない。愛知に帰っても、モーニングに行くことがないからだ。

その昔、我が家は毎週末にモーニングを食べる決まったお店があった。しかし、ひょんなことから（多分私と兄のくだらない喧嘩のせい）母が行きの車内で大爆発し、

「もう、うちは今後一切、モーニングには行きません。絶対に！」

と言い放ち、それから数年の間、我が家では「モーニング」という言葉が最も口にしてはいけない言葉になった。

一度「またモーニングに行こうよ」と母に提案した時は、その一言が逆鱗《げきりん》に触れ「もう、絶対行かないって言ったでしょ！」と雷が落ち、父と兄は言わんこっちゃないと呆れた表情を浮かべて私を見ていた。

毎週楽しみにしていた生クリームとカラースプレーのたっぷりのったアイスココアや、銀色の入れ物に入ったお塩でチマチマと食べる黄身の固い茹で卵。バターがじんわりと溶けてあんこの上を伝っていく、素晴らしい小倉トーストに今後一切お目にかかることができなくなった当時の兄と私は、悲しみに暮れていた。

今でこそ笑い話だが、当時はその反動もありスーパーなどで見かける小倉マーガリンのパンが、心ときめく週末の喫茶店の味を思い出させてくれるアイテムだったのだ。

そんな私が最近出会ってしまった、ときめきを抑えられない菓子パンがあった。それが、山崎製パンの「アングッティ」。

衝撃的な美味しさだったというと随分ハードルを上げてしまうが、今まで食べてきた小

倉マーガリン系のパンの中で「小倉&ネオマーガリン」と肩を並べるほどの美味しさだった。

ふわっとした丸型のパンの中にフィリングが入っているシンプルな作りだが、塩気のあるマーガリンと粒のしっかりしたあんこがたっぷり入っている。ガブリといくと、フィリングが口の中にこれでもかと飛び出してくる。時折、中がスカスカな菓子パンがあるが、あれに当たると非常にがっかりする。パッケージのイメージ写真と違うじゃないのと。あくまでイメージとわかっていながらも、どこか期待を裏切られたような悔しい気持ちになるが、「アングッティ」はパッケージ通り期待に応え、最大級のパフォーマンスを口の中で繰り広げてくれた。甘さと塩気と脂、この三つのバランスが抜群にいい。

一口食べて「美味しい」と口に出した菓子パンは久しぶりだった。もう十点満点。しかもパッケージに書かれてる文言がこれまたいい。

「つぶあんとマーガリン入りの、ゴキゲンなあんぱんです♪」

食べた私も、確かにゴキゲンな気分。

もしお店で「アングッティ」を見かけたのならぜひ手に取ってほしいと言いたいところだが、残念ながら生産が終了してしまったと聞いた。ゴキゲンなあんぱんの再販を強く願いながら、このエッセイが山崎製パンさんに届くことを願う。

また再販してください!!

ウニ＝チートアイテム

二十歳になる前に、事務所の偉い方にお寿司を食べに行こうと誘われたことがあった。マネージャーさんも「いいですね」とノリ気。私もお寿司は好きだ。しかし、直前に歯医者で奥歯の治療をしていた私は絶賛麻酔がガンガンに効いていて、口内の感覚がほとんど死滅していた。

目の前で話はどんどんと進んでいく。もちろんお寿司は食べたい。けれどこの感覚のない状態では、食べたものが口の中から出てしまう危険性すらある。私は弱々しい声で、

「歯医者に行ってきたばかりで……」

と言うも二人はもう行く気満々。口にした言葉を自分で打ち消すように、

「行きましょうか」

と痺《しび》れる口とともにお店に向かうことになった。

東京で初めての回らないお寿司。どうにかして美味しく楽しもうと試みるが口から具を

出さないことで精一杯である。

お吸い物が現れた。

水を飲めば痺れた右側の唇の端からたらりと水が垂れるというのに、目の前に置かれたお椀をどう攻略するべきか。

見た目以上にお吸い物の攻撃力は高そうだ。噛むと痛いという物理攻撃ではないのでタチが悪い。水分の軌道はまるで読めない魔法攻撃……。しかも熱いときている。属性は水と見せかけ、炎系だろうか。

どう攻略するべきか考えた揚げ句、限りなく左側の唇の端にお椀を近づけ、お行儀が悪くともちびちび飲むことにした。この方法でなんとかお吸い物は撃退できた。

その後、握り寿司がいくつか姿を現した。細心の注意を払い、現れるネタたちを撃退していく私。正直味は全く覚えていない。口から溢れるという失敗をしないよう攻略をしていく、ただそれだけ念頭に慎重に箸という剣を巧みに操る。

ウニの軍艦が現れた。

記憶が正しければ、私は生のウニを食べたことがない。これはいったいどうしたものか……。ウニに対する攻略方法を私は持ち合わせていないのだ。

小学校に上がる前、家族で回転寿司に行った時ウニを口にした兄がこのエッセイに書くのも憚《はばか》られる下品な言葉で批判をしてから、ウニ＝不味いものと思っていた。出されたウニが兄の言うように美味しくなかったとしたら……。予測不可能な軟体な動きを口元でされたらここまでの努力が水の泡になり、私はここでゲームオーバーしてしまうかもしれない。メンタルが揺さぶられ、対峙《たいじ》しているだけでＨＰがどんどん減っていく。もうぎりぎりの状態だ。

なお痺れ続ける唇と、少し震える手を伸ばし、しっとりとした艶のウニ軍艦を口に運ぶ。慎重に咀嚼をするとふわっと磯の香りが口に広がり、固形物だったウニが濃厚で滑らかな質感に変化する。

なんだこれは。

美味しいじゃないか。

それまでろくに味わえていなかったが、ここにきてウニの濃厚な味にガツンと味覚の目が覚めた。ウニは極上の回復アイテムだった。

それ以来、私はウニの虜となった。

先日スーパーで「うにくしゃぶ鍋用スープ」なるものを発見した。ウニエキス入りスープの中に野菜を入れ、豚なり牛なりをしゃぶしゃぶするウニ好きには夢のような素である。迷わず購入。

しゃぶしゃぶではなくほぼ鍋として、豚肉少々、白菜、長ネギ、椎茸、後はほうれん草を投入。

圧倒的に彩りが足りていない。

にんじんが冷蔵庫にあったので入れればよかったと思いきや、ウニのスープは濃厚なオレンジ色なので、ここで彩りがボーナスプラス。

スープをあたためると隠しきれないウニの濃厚な香りが部屋中に立ち込める。鼻腔から感じる美味しい予感に踊りだしたくなるほどだ。

白菜も長ネギもウニのスープをたっぷりと吸い込み、ほんのりオレンジ色に染まっている。濃厚な匂いに伴って、味もガツンとくるのかと思いきや、野菜本来の味にそっと寄り添うようにウニが隣にいる感じ。その控えめな感じが慎ましくたまらない。

ああ、好き。

食べ終えた後残ったスープを見つめ、これは明日の朝食に回すことに決めた。鍋の後の楽しみ。そう、雑炊である。

ウニのスープに野菜の出汁と、豚肉の脂が加わったこのスープが美味しくないわけがない。

翌朝、玄米を鍋に投入。ぐつぐつと煮込んでいくと、たっぷりあったスープが減り玄米がオレンジに色づいてゆくにつれて、米がふっくらと水分を含んで膨らんでいく。

まるまると太った米がふつふつとし、なんとも愛らしい。

昨日よりさらに濃くなった匂いに空っぽの胃が音を立て始めて、ああ、これも絶対に美味しいと確信する。うちの猫たちも昨日は見向きもしなかったのに、濃厚な香りに誘われて足元を忙《せわ》しなくうろうろしだした。

最後に溶き卵を入れ、少し火を通して完成である。

雑炊は間違いない美味しさだった。今まで食べてきた家鍋雑炊ランキングぶっちぎりの一位である。この雑炊をするためにウニしゃぶの素を買う価値がある。

スープの水分を飛ばしたことで、昨日はそっと寄り添い控えめに存在していたウニの味が、今日は主役としてガツンと表に出てきてくれた。そこを今度は卵がサポート役に回り、味の角を整えてくれる。一膳分の玄米も雑炊にすればかなりのボリュームになるが、ペロリと完食してしまった。

シンプルだけど贅沢な朝ごはんだなあ。また食べたいなあ。ウニ美味しいな。

頑張ったと思った時、自分へのご褒美に食べたいものの一つがウニのお寿司だった。このウニしゃぶの素、手軽なお値段で、ちょっと頑張った日のご褒美メニューにぴったりやもしれぬ。

一人でしっぽりウニ鍋からのシメもいいが、今度は誰かと一緒にこの美味しさを共有したく思う。

そういえば函館までウニ丼を食べに行ったなあ。それはまた別のお話として。

おまけのウエハース

とある夏、私の愛してやまないアイドリッシュセブンのカード付きウエハースが発売された。バニラクリーム味のウエハースと、メンバーのカードが一枚おまけで付いてくる。好きなコンテンツでも、グッズは本当に欲しいと思ったものだけにすると決めている。際限がなくなってしまうからだ。今持っているアイドリッシュセブンのグッズは、メンバーのアクリルスタンド、マスコット、フィギュア、缶バッジ程度。ウエハースの発売が発表された時は、正直無関心だった。中に入っているカードは必ずしも推しが出るわけではないし、保管しておく場所も困るなあと。

しかし先日、近所のコンビニに立ち寄るとレジ前にこのウエハースが。パッケージに勢揃いした各グループのメンバーたちと目が合った時、本能的に手が伸びカゴの中へ三つだけ招き入れていた。

三つくらいならカードの置き場所にも困らないし、いいだろうと。

中に入っているのは、携帯ゲームの中で出てくるイラストがカードになったもの。好きなメンバーが出たらラッキーくらいに思っていたが、出たのはセンターの七瀬陸くんのカード、和泉三月くんと逢坂壮五くんの両面カード、二階堂大和くんのカード。この時は推しである四葉環くんをお迎えすることはできなかった。

カードの裏はＩＤカード風になっていて、それぞれの直筆サインが箔押しプリントされている。ゲーム内ではサイン入りカードは最上級のレアカードである。まじまじとサインを眺めると、そこにも人柄が表れていてぐっとくる。

そして私はこの時気がついてしまった。アイナナファンにとってはカード付きウエハースではなく、ウエハース付きカードである事実。そしてゲーム内でデータとしてしか所有できなかったイラストが、税込み１３２円でカードという形あるものとして所有でき、コレクションできてしまう喜びを。

翌日、またコンビニへ赴き、ウエハースを追加購入して帰った。ウエハースの後ろからちょこっとだけ見えているカードを胸を高鳴らせながら引き出す瞬間は、ゲーム内でガシャを引く高揚感に似ていた。私は華麗な速さでトレーディングカードの沼にハマったのであった。

アイドリッシュセブンへと導いてくれた幼なじみも、時を同じくしてウエハースを購入していた。お互いに出たカードの写真を送り合うもそれぞれの欲しいカードはない。すぐさま連絡を取り合いながらコンビニへ赴き、迷うことなくウエハースを追加購入し、出たカードを報告し合う私たち。

最終的に近所のコンビニに置いてあるウエハースのほとんどを買い尽くした私。それでもなお、一番欲しい環くんの箔押しサインカードは出なかった（優しいファンの方が恵んで下さった。ありがとうございます）。

手元にあるたくさんのカードに心を満たされながらも、重大な現実が私を待ち構えていた。それは、大量のおまけのウエハース。手元にあるカードの分だけ四角いウエハースが積まれていくのだ。その数なんと二十七枚。これは果たして一人で食べ切れる量なのか……。

幸せの代わりに、食べても食べても減らないウエハースに頭を抱える日々がやってきた。保存用のジッパーバッグにまとめ、日に何枚も食べる。もはや主食がウエハースである。

きっとカード付きウエハースを箱買いする方々も同じ経験をされているのではないだろうか。こういう時、実家にいれば家族も消費に協力してくれるが、私は一人暮らしの身。いくら美味しくてもそのまま食べることに限界がやってくる。

思考を巡らせウエハースを美味しく、別の形で食べる方法に思考を巡らす。調べてみると、同じ悩みを抱えるカード付きウエハースに魅了された方たちの記事に辿りついた。どうやらウエハースを砕いたものでチョコクランチを作ったり、ティラミスやタルト生地が作れたりもするらしい。調べれば調べるほど、ウエハースを食べ切る活路を見出した先輩方の力強いレポートが同じオタクとして心強い。ハイレベルなお菓子作りはできないが、アイスや、ヨーグルトに混ぜてみたり、溶かしたチョコと混ぜてみたりと、いろいろな方法を試してみた。中でもウエハースを細かく砕き、シリアルのように食べる方法が手軽で一番美味しかったように思う。

硬さのあるウエハースの生地が柔らかくなり、中に挟まっているバニラ味のクリームが回しかけた豆乳に程よい甘さを加えてくれる。そこに砕いたナッツやバナナをトッピングすると、食感や味に変化があって尚良い。ここ数日はこれが朝ごはんの定番になりつつある。それでもまだまだ減らないウエハース……。

冷蔵庫に入っている四角い塊にわずかに逃げ腰になりつつも、愛するアイドリッシュセブンのため、最後まできちんと美味しく完食したいと思う。

ウエハースの賞味期限は３６５日。集めたカードを専用のバインダーに収納して眺めながら、来年までゆっくりじっくり食べることができそうだと思った。しかし、全てを食べ切った頃合いを見計らったように、カード付きウエハースの新作が発売された。解放されたと思いきや、またウエハースを消費する生活が今もまだ続いている。今度は二箱買ったので、四十枚のノルマだ。後悔は全くない！　欲しいカードが手に入ったからである！推しは可愛かった！　天才だ！

そうしてもうすぐ食べ終わるぞとなった時、また新作の発表があった。今度のウエハースはチョコ味らしい。チョコ味のウエハースは苦手なのだが、推しのためだ、背に腹はかえられん。

最後のひとくちに涙が出そう

甘いもの中毒。と言っても過言ではないくらい甘いものが好きだ。ケーキと名の付く食べ物が本当に本当に大好きで、嘘偽りなくいくらでも食べられる。

ケーキにも種類はたくさんあるが、中でも一番好きなのはショートケーキだ。一人用に三角に切られているのもいいが、やはりテンションが上がるのはワンホール。丁寧に塗られた生クリームが、滑らかな漆喰《しっくい》の白壁のようでうっとりする。上にのせられたクリームもお店によって絞りの形が違うので、その個性的なフォルムにときめかずにはいられない。

造形美の塊のショートケーキにまずフォークを入れるなら、真っ白な側面の部分。厚く丁寧に塗られた生クリームを削ぎ落とすように食べていく。甘すぎない、もたれにくいさらっとした味わいの生クリームであればあたりである。ちゃんとしたお店のケーキだと嬉しくなる。そこからスポンジにフォークを入れ、間に挟まったフレッシュないちごと、クリームも合わせて楽しんでいく時間は至高。

私がケーキをワンホール食べると決めているのは、クリスマスと、誕生日の時。クリスマスに関しては、コンビニで売れ残っているケーキを一人で食べるという習慣が数年前からあり、それを年行事として楽しみにしている。三年前のクリスマス、大阪の街でマネージャーさんと二人、売れ残りのコンビニホールケーキを探して歩いたほどである。その時はショートケーキはなくミルフィーユで手を打った。美味しくはあったがコンビニのプラスティックのフォークでは戦闘力が足らず、かなり苦戦しながらホテルで一人格闘することになった。

誕生日も数年前から毎年友達と過ごしているが、ホールケーキを用意してくれ最初の一口は私に食べさせてくれる。その瞬間が何よりも幸せで、一年無事に生きていて良かったと思えるほどだ。

一昨年の誕生日は東京で一番美味しいと噂のショートケーキを用意してくれた（お店の名前は失念してしまった）。友達は切り分けたものを、私はホールの残りの分を抱えながら食べるという食いしん坊万歳状態である。

三分の二ほどのケーキを一人でペロリと平らげたのだが、食べ始めは幸せで幸せでしょうがないのに、だんだんと悲しくなってくる。お腹は甘いもので満たされていくのに、目の前にある幸せは形をなくしていくからだ。食べるごとにため息のもれる私を、友達は笑いながら見ているが、用意されたケーキがあまりにも美味しくて、食べ終わるのがどうしても惜しく、最後の一口を残した私。

「食べたら終わってしまう」

ともらすと、子供みたいなこと言ってるとまた笑われてしまう。ああ、終わってしまう、食べたら終わっちゃう、と上にのっていたいちごと、クリームとスポンジを涙を浮かべながらじっと見つめ、目を閉じてパクリ。最後の一口は少し時間を空けたので、最初の一口のように素材の甘さをしっかりと感じる沁み渡る極上の美味しさだった。

ああ、もう涙が出そう。

しっかりと味わい目を開けると、当たり前に目の前からケーキが消え去っていて愕然《がくぜん》とした。美味しい幸せは、気持ちは満たされても視覚的にはどんどんとなくなってしまうのが惜しくてならない。

それ以来友達とケーキを食べる度に「泣かないでよ」と茶化されるが、それくらいケーキが好きなのである。

子供の頃、うちの家は誕生日ケーキが豪華な家庭だった。理由は定かではないが、クリスマスと誕生日の近い兄に対し、誕生日もクリスマスもケーキを食べられるなんてずるい！　と毎年怒り散らしていた私を宥《なだ》めるため、お気に入りのケーキ屋さんで好きなケーキを三ホール選んでいいという、お姫様ルールが自然にできたからだと思う。

一つ目はショートケーキ。二つ目はティラミス。三つ目はミックスベリーのタルト。これがお決まりだった。

ミックスベリーのタルトは家族も大好きで、父は必ずこれを食べたがっていた。ティラミスは私専用。私は当時ショートケーキよりティラミスが好きで、コーヒーのほろ苦さと、マスカルポーネクリームのもったりとした甘さが、ちょっと背伸びしてる気分でお気に入りだった。誕生日のお祝いが終わるとスプーン片手にもりもりと一人貪っていた。なんと欲深い子供だろう。

そんなケーキに対して強欲な私が最近見出した超幸せなご褒美が、ケーキ屋さんで小さいケーキを好きなだけ買うということ。

友達と二人でケーキ屋さんを訪れ、お互いに気になるものを好きなだけ頼んでおうちで半分こして食べるのだ。半分にすれば、二倍食べられてとってもお得ということで、大体十種類くらいを食べ比べする。それでも実質食べた数はおおよそ五個になるという魔法。テーブルの上に十種類ものケーキが並んだ絵は壮観であり、幸福感もひとしお。つつきながらこれが好みだとか、ケーキについて話すのも特別な時間だ。好きなものを共有できることが嬉しい。

しかしどれだけたくさん食べてもナンバーワンはやはりショートケーキなのだ。

猫のいる生活

我が家には同居人がいる。正確には人ではなく、毛むくじゃらの猫が二匹。東京で一人暮らしを始めて随分経ったが、半分以上の時間を猫とともに生活をしている。

一匹は五歳になるノヴァくん。彼が一歳の頃にご縁があって保護することになった。初対面の時は体の毛をほとんど剃《そ》った状態で随分と細身だった彼。毛がしっかりと残っているのは顔だけで、ぼんっと顔だけ膨らんでいるようだった。今はもうすっかりもふもふで、胸元にたっぷりと生えている白い毛が胸毛のようで逞《たくま》しい。時々ライオンにも見える。

もう一匹は二歳のルナちゃん。この子はノヴァくんを病院に連れていった時に運命的に出会ったのである。とてもおしゃまでお姫様気質の美人さんだ。

ノヴァくんは警戒心の強い猫で、私に慣れてくれるまでも数ヶ月の時間がかかった。毎日物陰からこちらをじとっと監視してくる。その視線はこいつは僕に危害を与えないだろうかと言わんばかりで、猫に監視される生活はなかなかスリリングなものであった。時には後ろから飛びつかれることもあった。

ごはんをあげようとしても伸ばした手を引っ掻《か》いたり、噛みつかれたりすることも多く、それでも〝痛い！〟と驚いてしまうとさらに警戒してしまうと思ったので、心をナウシカのごとく凪《なぎ》の状態にし「ほら、怖くない。怖くない」と彼の気の済むまで腕を生贄《いけにえ》にしていた。

ノヴァくんがやっと私に慣れてくれても家に珍しく来客があると、見知らぬ顔に警戒し、彼はパパッと物陰に隠れてじっと様子を見ていた。今でこそ人慣れはしたが、ノヴァくんの体に染み付いた警戒心の強さを感じていたし、酷い噛みグセがあったので正直新しい子を迎えても仲良くやっていけるか不安だった。

動物病院の先生に相談すると「オスとメスだし、年も離れてるから大丈夫だと思うよ」と、とってもラフな感じのお返事。周りの看護師さんたちも、絶対大丈夫と背中を押してくれたおかげでルナちゃんをお迎えすることになった。

うちに来た時は別々の部屋で隔離しつつ、時間をかけて対面させていった。しかし驚きだったのが、あれだけ心配していたノヴァくんがあっという間にルナちゃんにメロメロになったことである。一緒の空間で生活できるくらいお互いが慣れた頃には、毎日ルナちゃんの後ろを歩き、近くで眠り、ベロベロと献身的に毛繕いをしている。生活の基本がルナファーストになった。そんなノヴァくんに対してお姫様なルナちゃんは、たまに鬱陶しそうにしつつも「毛繕いしてもよくってよ?」と言わんばかりにゴロンとしてみせたりしている。

お互いにじゃれ合って遊ぶことも増え、酷かった噛みグセもなくなったおかげで、私の腕の治安も守られている。

猫が二匹いるという生活は、家の中が毎日ポカポカのひだまりのようでとても幸せである。眠っている猫のお腹に顔を埋《うず》めると焼きたてのパンのような香ばしい香りがするし、毛繕いついでに私の顔もベロベロと舐めてくれたりする。ただ、猫の舌はザラザラなのでこれがめちゃくちゃに痛い。

仲良しこよしに生活している二匹にも対立の瞬間がある。それがごはんの時間だ。

うちの子たちは保護される前は食事を十分に食べられない状況だったせいか、食に対する姿勢がかなり前のめり。朝は彼らの腹が空いたぞと鳴く声が目覚まし。目を覚ますと至近距離でじっと見つめられ、ニャー!　と強く鳴かれる。ベッドから出れば飯だ!　飯だ!　の大コールが始まるのでなかなかに賑やかな朝を過ごしている。

フードやおやつの袋の音がすれば、どこにいようとも全速力で走ってきて台所に滑り込んでくる。大声で鳴きながら僕が先、私が先よとひしめき合いながら私に全力で体当たりをして大騒ぎするのでフードのグラム数を量るのも一苦労である。

ルナちゃんはお腹がとても弱く、決まったフードをあげないといけない関係で、二匹は違う種類のものを食べているのだが、人間も毎日同じものを食べていたら飽きてしまうように、彼らもごはんは大好きだけど常に新しい味を求め生きているようだ。相手のフードに興味津々な彼らは、隙あらばごはんを掠め取ろうとうかがう気迫が物凄い。時折どちらかが相手のごはんのところまで行っては「よこせ」「やめろ！」と取っ組み合いの喧嘩が行われるようになったので、今はルナちゃんはケージの中、ノヴァくんは外でごはんを食べるスタイルに落ち着いた。

食欲旺盛というところで対立をしている彼らだが、時には結託することもある。ある時やけに静かだなとざわつく気持ちを抱えながら二匹を探すと、台所が出汁パックの粉まみれになっていたことがあった。散らかった部屋の真ん中で懸命にペロペロと床を舐めている二匹に厳しい視線を向けると、ツンとすました顔をしてササササッと仲良くベッドの方へと身を隠す。取り残された私は肩を落としながら掃除をするしかなかった。

それからも自分たちのおやつの入っている箱を二匹の力でどうにかこうにか引き出し、おやつを盗み食いしようとする姿が度々目撃されている。

できるだけ現行犯逮捕に努めているが、食欲旺盛で抜け目がない子たち。彼らの健康のために気を引き締めて食料管理をせねばならない。

おすそ分けのパン屋さん

とある日の朝、近所に住む友人から連絡があった。

「今日は天気がいいね」

その一言だけで、お散歩のお誘いかしらとわかってしまう間柄。

「ふらっとしましょうか」

と返事を返し、お互い寝巻きから外に出られる格好に着替え、待ち合わせ場所に向かう。

散歩コースはその日の気分で変わる。多くは近所にある友人のお気に入りのコーヒーショップに顔を出し、テイクアウトしたホットコーヒーを手にしてふらふらあてもなく歩くのがお決まりだ。

今日はどこに行きましょうかと、コートのポッケに手を入れながら気の向くままにズンズン歩いていると、気になっていたけれど一度も行ったことのないパン屋さんの目の前に出た。

「ここ気になってたんだよね」

ぽろっとこぼすと、じゃあここで朝食を食べようよとお店に入ることになった。

まだ人気の少ない店内をのぞくと、大きな木製のテーブルを三角巾とエプロンを巻いた店員さんたちが囲んでいた。もう開いていますかと尋ねると、どうぞどうぞと気さくな雰囲気で迎え入れてくれる。店員さんたちの机の隣にあるささやかな二人掛けの席に着くと、笑顔の素敵な女性店主さんが、

「この人たちはごはんが大好きで。私たちも隣で朝食をとってるんですが大丈夫ですか？」

そう尋ねてきた。とっても素敵なことだなと思いながら、全く問題ないですと返すと、

「時々おすそ分けが流れてくると思うので」

と誰にも言ってはいけない内緒話という風に告げられた。このやりとりだけで私はこのお店も、ここで働く店員さんたちもみんな大好きになってしまう。なんとあたたかな場所だろうかと。

木製の家具で統一された店内。テーブルクロスや、椅子に置かれたクッションはチェック柄を基調としていた。飾り棚には瓶や本が並び、まるでジブリの世界に迷い込んだようである。ここだけ時間の流れが穏やかで、自然と呼吸も深くなる。こんな満ち足りた場所が日常の中にあっただなんて。

私たちは席に着き、キッシュとマリーゴールドの紅茶を頼んだ。友人は店主さんのことを気さくに「先生」と呼び、あっという間に打ち解けていく。この人のこういうところが凄いよなと感じながら、私はまだ熱い紅茶をすする。聞こえてくる会話と、美味しそうに朝ごはんのパンを食べている従業員の皆さんを眺めているだけで、穏やかな気持ちになってくる。これにはこのジャムが合うとか、今度はこの具を合わせてみようなんて一口食べてはこそっと話し合い、また一口食べる。

そのうちに、小さなカゴにパンが盛られてこちらへ流れてきた。これが先ほど言っていたおすそ分けってやつですねと、ありがたくいただいたのだがこれがまた美味しいのなんの。クルミ色をした味噌ペーストがのったパンはもちっとし、小麦特有の甘さに味噌のほのかなしょっぱさがよく合っている。ペースト、と言っても何と味噌を合わせているのかわからなかったが、舌触りも滑らかで、角のある塩分は全く感じられずびっくりした。

もう一つがかぼちゃのパン。薄い生地は黄色に染まって、こちらも柔らかな食感に目を細めてしまう。この甘さはかぼちゃが持つスイーツのような甘さ。ほんの一口分のおすそ分けだけれど心が和んでいく。店員さんたちも、美味しいと口に出しながら食べる私たちを見て満足げな顔をしていた。

せっかく歩いて行けなくはない距離にあるのだからまた訪れたいと思うが、この日の体験があまりにも特別すぎてもう一度訪れられないでいる。素敵な思い出を一番いい形のまま覚えていたい、上書きをしたくない。そう思ってしまう。

何から何まで特別で、あんないい思いは何か成し遂げたあとでないといけない気がすると、このお店は私にとってのご褒美のお店になったのだ。次に訪れる時は何かを成し遂げたあとで。それがいつになるかはわからないが、このあたたかな記憶があればしばらくは踏ん張れそうな気がしている。

そしてこの日を境に私の中のパン欲がむくりと目を覚ました。美味しいパンが食べたい、美味しいサンドウィッチが食べたいと私の中の食欲が渇望している。それに従うように近所の美味しいと噂のパン屋を渡り歩いたり、差し入れの美味しいサンドウィッチを二つも食べてしまったりというのはまた別のお話で。

先日、お店の前を通る機会があり、こっそり店内をのぞいてみた。一緒に朝食をともにした店員さんたちはこの日も気持ちよく働いていた。その姿が柔らかな日差しの中で眩しく輝いて不思議と体の内側からエネルギーが湧き上がる。ここのパンが美味しいのは、もちろん素晴らしいレシピもあるだろうが、働いている人たちの人柄も大きく影響している気がしたのだ。

美味しいもののそばには、素敵な人たちが必ずいる気がする。

ハンバーガーとハンバーグ

人生では何回か味覚の変化があると聞いたことがある。幼い頃は食べることができなかったものも、大人になって美味しいと気づくことがあるように。逆もまた然《しか》り。先日長いことかかった撮影が全て終わり、解放感に満ちた私は何かジャンキーなものが食べたい！　と部屋の中で手足をだらしなく伸ばしながら考えていた。

普段食べないジャンキーなもの。そう、ピザだとか、ハンバーガーだとか、フライドチキンだとか。よし、久しぶりにハンバーガーを食べてみようじゃないかと、お店まで行きテイクアウトをした。

驚きだったのがハンバーガーといえば牛肉や合い挽きのパティばかりで、牛肉アレルギー持ちの私には食べられるものがほとんどないと思っていたが、最近はソイパティがあるお店があるということ。これまではほとんど選択肢がなかったのに、あれも、これも、ソイパティなら食べられるじゃないかと食の世界が広がった。

しかし、私が頼んだのは照り焼きチキンである。それとオニオンリングとポテト。気分は照り焼き一択だったのだ。

久しぶりに食べたハンバーガーはとてもジャンキーな味わい。大きな口を開けかぶりつかなければ食べることができないワイルドな食べ物である。照り焼きの濃い味は疲れた体に染み渡るようだった。サクサクのオニオンリングも、ほくっと揚がったフライドポテトも、これこれ、今欲しかった味！　と感嘆の声をもらしながら幸せに浸っていく。

子供の頃は週末に食べるのが楽しみだったのに、今はたまにでいいだなんて私も変わったなあとなんだかしみじみしてしまう。

実家の近くにドライブスルーのお店があり、家族でよく買いに行った。受け取ったそばから車内に立ち込める香ばしい匂いに我慢できず、袋を開けて一つ、二つとポテトをつまみ食いをして母に注意されていたのも懐かしい思い出である。

くしゃっと丸まったバーガーの包装用紙を眺めながら、たまにはこういう食事もいいよねと自分で自分の言葉に深く頷《うなず》いた。

味覚の変化、というより気持ちの変化かもしれない。

これは食べちゃダメとか、食べられないと思うことが多かった。けれどそれは自分が思っているだけで、食べられないものなんてそんなにない気がしてきた。アレルギーの場合はもちろんダメだが、小麦製品もお菓子も、食べる量やタイミングだったりするんだろうなと。

そんなことを考えていると、ふと、ハンバーグだって食べられるよなと気がつく私。アレルギー反応が出る前は祖母や母が作ってくれて食べていたが、もう随分食べていなかったハンバーグ。子供らしく、当時は好きなメニューの一つだった。

しかし、私が食べられないから作らないとなると、いつか、本当にいつになるかわからないが、子供がハンバーグが食べたいと言った時に、下手くそなハンバーグを作ることになってしまうのではないかと急に不安になったのである。

外食でハンバーグを食べる選択肢がありながらも、やっぱり自分も家のハンバーグの味というものは記憶に強く残っているわけで。作れるようになっておいて損はないじゃないかと思い立ったのだ。

まあ結局食べるのは私なので、今回は豚肉を使ったハンバーグを作ってみようとレシピを確認。牛が豚に替わるだけで、基本的な作り方には違いはなかった。

最後に作った記憶があるのは、おそらく小学校の調理実習だろうか。

玉ねぎをみじん切りして、パン粉を牛乳に浸し、肉に塩を振ってこねる。むっちりと粘り気が出てきたら玉ねぎとパン粉を投入してさらにこねる。ああ、やったやった、こういう作業したよね、よく見るよね、なんて思いながら成形していくが、普段食べないからこそ正解の大きさや厚みがわからない。手のひらいっぱいにタネを持ってみても、こんなに大きくていいのかとタネを減らして、結局随分と小ぶりになってしまった。真ん中にくぼみを作るのも、ど、どの程度のくぼみ……と戸惑いながらもどうにか焼くまでに至ったのである。

フライパンを熱して焼いてみるが、よく見るハンバーグの焼き目より少し白っぽくなるのは牛が入っていないからだろうか？　と恐る恐る裏返し蒸し焼きにする。部屋には豚の脂の甘い匂いが立ち込めて、徐々に成功を確信してきた。

透明な肉汁が出ることをしっかり確認し、完成である。出来上がりは上々。デミグラスを作るのは正直めんどくさかったし、暑いのでさっぱりと大根おろしと大葉を添えてポン酢でいただくことにした。

いただきますと、大人になって初めて自分で作ったハンバーグを食べてみた感想は、美味しいけれど、好きじゃないかもしれない。

美味しいんですよ。ええ、美味しいんです。けれど、なんだか肉を食べている感じが強すぎて、肉だぁという感想になってしまう。あと、玉ねぎのみじん切りが若干粗かったので、次作るとすればもっと細かく切ることを忘れないようにする。

いつか子供に「お母さんのハンバーグが好き！」と言ってもらえる日が来るかはわからないが、その時に備えてあんまり好きではないハンバーグの練習を頑張っていこうと思う。

何度でも訪れたい国

何年か前に短いスパンでスイスを訪れることがあった。スイスはとてもいい国である。私が訪れたチューリッヒは道も広く、街も穏やか。市内には広大な敷地面積を持つ動物園があった。一度目に訪れた時はその動物園のレポートのお仕事だった。

チューリッヒ動物園は動植物の生態系を可能な限り再現し、動物たちにとってより良い環境で飼育をしている素晴らしい場所だ。中にはマダガスカルの熱帯雨林を再現したマソアラ熱帯雨林という場所があり、決まった時間に施設内に雨が降るようになっている。室内もなんだか蒸し暑く、目の前には熱帯雨林の植物たち。動物たちは施設内を自由に動き回り、小道を歩いていると小猿が木の上からこちらを見ていたり、枝に爬虫類がデデンと横たわっていたり。自分たちで生き物を見つけながら回り、本当にジャングルに迷い込んだような気分になる。他にも象が泳ぐ姿を見ることができたり、とても元気で人懐っこいオランウータンがいた。

海外でのお仕事で心配なのは食事である。昔は海外の仕事中は食べられるものが少なく、食事に困ることが多かった。しかし、スイスは街も食も素晴らしかった。

まず野菜が美味しい。サラダを頼めばみずみずしく、歯応えのある葉物が出てくる。オリーブオイルやバルサミコ酢を使ったシンプルなドレッシングだけでもりもり葉っぱを食べられる。スイス料理といえばチーズフォンデュという印象が強く、まさか生野菜がこんなにも美味しいとは予想外であった。滞在期間中は飽きることなく毎日たっぷりと野菜を食べ、体の中が健康的な気分になれた。

ごはんはホテル近くのスーパーで買ったり、スタッフさんと一緒にレストランで食べることもあったが、ある時ランチをみんなで食べようと、動物園近くのレストランを訪れた。レンガ作りの可愛らしい佇まいのお店は、地元の方で程よく賑わっている。ランチメニューは、お肉、お魚、ピザ。何にしようか悩みながら店内を見回す私。これはよくやってしまうクセだが、周りを見渡して他の人が食べているものを確認してメニューを決めてしまうところがある。

隣にいるおじいさんのテーブルの上にはピザが一枚置かれていた。彼は意気揚々とナイフとフォークを使い、飲むようにピザを平らげていく。ピザといえばシェアするものという概念が強くある私にはその様子があまりにも衝撃的に映り、口をあんぐりと開けながらその様子をしばらく眺めていた。気がつけば周りのスタッフさんもおじいさんのフードファイターばりの食べっぷりに釘づけであった。その後話し合った結果、ランチメニューでピザがあるということは、スイスの人たちにとってピザは一人一枚のものなのかもしれないという結論にたどり着く。ピザを一人で食べられる自信はないが、あのおじいさんのスカッとする食べっぷりには拍手を送りたい。未だにピザを見ると、あの時のスイスでの光景を思い出すほど記憶に強く残っている。

二度目はバラエティ番組で鉄道を使ってスイスを横断するという企画だった。その時は、スイス国内を転々としながらの旅だったが、車窓から見る景色は緑豊かで日々の喧騒を忘れ、自然に身を委ねることができる素晴らしい時間であった。どこまでも続く草原や木々。たくさんの羊たちは草を喰む。そんな景色がずっと続くのだ。

この時は降り立った各地でスイス名物であるチーズフォンデュを食べていた。お鍋にたっぷりと入ったカスタード色のチーズに、温野菜やウィンナーをディップしていく。ほんのりとワインの風味があり、チーズの濃厚な味に唸ることしかできず、次から次へと手が伸びていく。日本ではシンプルなチーズフォンデュにしか出会ったことがなかったが、こちらでは味のついたフォンデュが豊富にあった。朱色に染まったトマト味や、ポルチーニ茸がふんだんに入った味。どちらも新鮮な味で何度でも食べたい！　と思っていたが、ほぼ毎晩チーズフォンデュを食べていると当然飽きがやってくる。最後の方は義務感に近い状態で頼み、スタッフさんたちとジャンケンで負けた人がフォンデュを一口食べる、なんてちょっとしたゲームが生まれていた。これはこれでいい思い出である。

スイスの街で食べたものの中でハズレたものは一つもなかったように感じる。街角のパン屋さんのパンも、カフェのコーヒーも、スーパーで買ったりんごも、街の空気が特別にしてくれるのかもしれないが、どれも美味しく今でもまたあれが食べたいなと思わせてくれる。

忘れてはいけないおすすめがレダラッハのチョコレート。ナッツやドライフルーツがふんだんに使われたチョコレートで、お店の中で量り売りをしてくれる。不揃いに割れたチョコや、ヘーゼルナッツチョコレートのナッツのぽこっとしたディテールがなんとも愛おしい。ラッピングされた姿は、世界に一つしかない自分だけの特別なチョコレートに思える。以前は日本でも買えたのだが、ここ数年で店舗がなくなってしまったことが非常に残念である。今はもうスイスに行かなければ食べられない味になってしまった。

自然も魅力的なスイスには、美味しい食べ物が本当に豊富にある。今度訪れる時は食べるだけの食旅をしたいものだ。

作家さんのエッセイっぽいエッセイ

私はエッセイが好きだ。書くのも、読むのも。自分だけでなく誰かに伝えたい気持ちがある文章は、日記のようにその人の内面を濃く描きながらも、こちらにこっそり内緒話をしてくれているよう。だから家の本棚にはたくさんのエッセイ集がある。特に多いのはやはり食べ物を扱ったものだ。

作家さんたちのエッセイの中にはよく担当編集さんからいただいたお菓子や、一緒に行った取材先での美味しい思い出が綴られている。私もいつか、編集さんからいただいた美味しいもので「担当編集のAさんからいただいた〜」と書くことに憧れていた。それってなんだか作家さんのエッセイっぽいって感じていた。

二〇二〇年は大変な年だった。家の中にいる時間も多く、人に会う機会もグッと減ってしまった。お世話になっている方々ともオンライン上で顔を合わせることが増え、その時の議題に沿った話が終われば打ち合わせは終わってしまう。会議室でお茶を飲みながら雑談をしていた時間が恋しくなる。

七月の終わり頃、小説でお世話になっているチームから「誕生日プレゼントを送りました」と連絡があった。会えない中でもありがたいなと荷物を受け取るとそこには、

〝かき氷〟

と書かれていた。もちろんクール便で、箱は大きな発泡スチロール。かき氷が宅配されてくる世界線とはこれいかに、と疑心暗鬼のまま蓋を開け現れたのは鹿児島発祥の天文館のしろくま。十五センチほどのビッグサイズ容器が五つ、どどんと入っていた。そうきたかと思わず笑みが溢れる私。

このしろくま、蓋の上までパンパンに氷やフルーツがふんだんに入っている。しかし、そのままでは食べられない。自然解凍か、なんと電子レンジであたためるようにと説明書きが入っていた。レンジで一分あたためるとまだ硬さは残るものの食べやすい状態に変わるのだ。

なかなか外にかき氷を食べに行けない時期でもあったので、このプレゼントは本当にありがたかった。今もまだ非常用かき氷として二つ冷凍庫の中に潜んでいる。

編集さんたちはびっくりするくらい美味しいものに詳しい。このかき氷に始まり、女性編集のSさんがくださる差し入れはいつも美味しくて可愛いものばかりなのだ。

名古屋へ一緒に行ったときは塩気がジュワッと溢れ出すフォカッチャサンドを差し入れ

てくれた。他にも瓶入りのジュースや、小さな引き出しがついたお菓子のセットが控え室に置いてあり、この引き出しには何が入っているのかと、開けるだけで楽しい気持ちになるようなものだった。

マガジンハウスのWさんからは初めてananのイベントでお会いした時に、楽屋に軽食を差し入れてくださっていたのだが、冷蔵庫の中になんと冷製のヴィシソワーズが。これまでたくさんの現場を経験してきたが、ヴィシソワーズが冷蔵庫に入っている現場は初めて！

他にもみつばちの包み紙が可愛らしいクッキー缶までいただいてしまったのである。心遣いがありがたかった。

一つ目のクッキー缶はバニラクッキーとココアクッキーがオセロのように敷き詰められ、薄焼のクッキーは軽い食感でとても美味しい。

和心缶なるアソートのクッキー缶はまあるくてこんがりした小豆煎餅の周りに、桃と白のメレンゲがコロコロと彩りを添えていた。中には丁寧にお品書きまで。

蕎麦ぼうろは素朴な味。食べながら保育園の頃に京都から舞妓さんが来てくれて、蕎麦ぼうろをもらったことを思い出した。香ばしさが鼻から抜けていく。今でも変わらずこの味が好きだなと思いながら、少しずついただくことにした。

他にも胡桃の醤油漬けや、蜂蜜ナッツキャンディーが入っていた。二つのナッツ、甘いとしょっぱいを交互に楽しめる唸るような組み合わせで、気づけば胡桃の醤油漬けばかりを探してしまい、口の中を一旦休めるためにカリッとした蜂蜜ナッツを食べていた。

缶の中に指を入れ、当たったものはどれももれなく美味しい。少しずつ減っていってしまう中身を見ながら、口の中にヒョイッと放り込めるお菓子たちは小さな星のようで、宇宙みたいだなあと。ぼーっと缶の中を眺めていると星座を結びたくなってくる。

食べ終えた後のモスグリーンの素敵な缶は小物を入れるために大切にとっておくことにした。缶を見ると美味しかったことを思い出すし、今度は誰かにプレゼントしたいな、誰がいいかなと考えることができる。素朴な味だけど、飽きのこない大満足の詰め合わせだった。

私から誰かに差し入れするなら何がいいか。そう考えて真っ先に浮かんだのが静岡にある法多山の厄除団子な時点で、私の手土産レベルはまだまだ修業が必要そうだ。あれお取り寄せできないし。

しかし、この厄除団子、一口サイズの団子の上にたっぷりのあんこがのっていてやみつきになる美味しさである。なかなか食べることはできないが、真っ先に頭に浮かぶくらい私のお気に入りだ。

心遣いと、それに色を添える手土産。いつも素敵なものを人にプレゼントできるように、食のワンダーランド・デパ地下マスターになりたいところだ。

函館・女子旅・夢の丼

二十四歳の最後の夏。「夏にどこかへ行こう」と唐突に決め、友人と旅に出た。行き先の条件は花火大会をやっている場所である。

お互いの休みと全国の花火大会の情報を照らし合わせ決まったのは函館。飛行機で行こうという友人の提案を「新幹線はダイヤ通りに着くから予定が組みやすいよ！」と説き伏せ、東北新幹線の切符を手に入れることに成功した。

これまで仕事で東北新幹線に乗ったことはあれど、東京から新函館北斗まで乗って行くのは初めてのことだった。そのまま向かうのでは味気ないからと話し合った結果、八戸で途中下車して近くの魚市場へ足を運び夕方までに函館の宿に着くプランに落ち着いた。

八戸の魚市場は広大で、新鮮な魚や貝類がこんなに安くていいのという値段で売られていた。練り歩きながら彼女は生牡蠣をつるりと食べ、私はウニをその場でいただく。他にも食材を買い、併設されたお店で新鮮な魚介たちを網焼きにしていただいた。手のひらより大きなエビと、貝殻の上にどっしりと腰を据えたホタテ。ジクジクと焼けていくとホタテの美味しいエキスがたっぷりと貝殻に溜まっていく。それをチョイッと煽《あお》り、それから豪快に身をかっ食らう。

海の近くは当たり前だけど海鮮が美味しい。新鮮で身が締まってキラキラと輝いている。魚市場は宝石箱のようだった。

函館でもたくさんの海鮮料理をいただいた。ホテルで食べたお刺身の盛り合わせはどれも食感がいいし、焼き魚はほろほろと簡単に箸で崩せる。函館の朝市で釣ったばかりのイカをその場でさばいてもらった時は、口の中で吸盤が口に吸い付いてくるほど活きがよかった。何よりも肝が絶品である。ちょこっとお醬油を垂らし、余す所なくいただいた。

これでは食い倒れ旅である。私たちの旅の本当の目的は花火なのだ。しかし旅行とグルメは切っても切り離せないもの。仕事で訪れた時は食べられたらラッキーくらいに思っているが、プライベートなら何がなんでもその土地の美味しいものをたっぷりと食べたいのだ。

そんな私たちの食の一番の目的、それはウニ丼。朝市のそばにある「うにむらかみ」に意気揚々と朝一番に向かったのである。気合十分、開店前の一番乗り。店先で待ちながらどんな美味しいウニに出会えるだろうかと期待を膨らませていた。

海鮮の中で何が好きかと聞かれたら、ウニかイクラと答えるだろう。ウニをたらふく食べて痛風になってもいいとすら思っている。ウニのクリームパスタや、生ウニがたっぷりのったバゲット。自分の好みで塩胡椒を振って食べるのだが、生のウニが口の中で溶けてこれが絶品。ウニがたっぷり溶けたスープのウニ鍋も美味しい。どれも思い出すだけでうっとりしてしまう。

しかし私はウニ丼を食べたことがない。だから函館のこのお店で朝から思う存分ウニを食べるのだと東京を出る時に心に決めていたのである。

メニューを見て私たちはびっくりすることになる。なんとウニ丼の値段が想像を超えていたのだ。

そうは言っても旅行で来ているし、いい大人だし、美味しいもののためのお金はいとわないわ！　と思い切り「ウニ丼で」とオーダーを通した。

時期のものだったのかもしれないが、私たちが食べたものには二種類のウニがのっていた。焼尻島のムラサキウニと利尻島のバフンウニ。友人はウニの産地と味に詳しく色々と教えてくれたが、私には卵焼き色のウニと、とってもオレンジ色のウニくらいにしか見た目の違いはわからず。けれど丼の上にたっぷりのったウニの姿は圧巻だった。こんもりと盛られたウニの丘は私の二十四年の人生の夢の丘でしかなかった。

まずはウニだけでと一粒いただくと、その味の濃厚さに驚いた。これは米とよく合うやつだ！　っと急いで米を口へ招き入れていく。二種類を食べ比べてみると、片方は強い甘みを感じ、もう片方は優しい甘さ。これまでもウニはそのとろける濃厚な味が美味しいと感じていたが、ここまで舌の上で甘さが強調されるものは初めて出会った。

食べれば食べるほど丼の中は空になってしまう。少しでもウニを堪能するために、ご飯をわざと多めに食べ、目に見えるウニの面積を多くしてみたりと、愚かな足掻《あが》きを続けながらぺろりと完食してしまう。

あまりの美味しさに自宅にクール便でウニを送るべきかしばらく真剣に考える女子二人。結局、私は思い出はここに残すことにした。このウニをおうちで食べられるのもきっと幸せだけれど、やっぱり特別なものは思い出としてその場に残しておきたくなったのだ。

目的の花火大会も目一杯楽しんだ。街を自治体の山車が練り歩き、地元の方々が様々な衣装を着て踊っていた。幼稚園くらいの子供たちが先生に誘導されながら一生懸命踊りを披露している姿が愛らしく、思いがけずその街の空気に触れることができいい思い出になった。

帰りは新幹線のグランクラスでゆったりと帰京のつもりが、寝ることもなく私たちはマシンガントークをかまし、サービスドリンクや軽食を最後まで抜かりなく、余す所なく楽しんだのであった。

もう一口のカレーを

私は今『オリエント急行殺人事件』という舞台の上演期間真っ最中にいる。今日はマチネとソワレの二回公演。日に二回ある時は、昼夜の間にお弁当が出ることが多い。

今日のお弁当はカレーとガパオ。一公演終え、楽屋へ降りてくるとカレーのなんとも魅惑的な香りが充満していた。私はカレーを手にとり小躍りしながら楽屋へと戻る。

カレーは罪な食べ物である。体の奥底に潜んでいる食欲に「カレーですよ！」と大きな声で呼びかけてくる。本来、本番前にあまり食べ物を入れるのは好まないが、大きな声で呼ばれてしまった食欲はまんまと目を覚ましてしまうのだ。

濃厚なバターチキンカレーは綺麗なオレンジ色で、サフランライスの上にのった野菜たちも彩り豊か。スパイシーな中にほんの少しの甘味のある香りがこちらをワクワクさせてくれる。

ペロリと平らげ、パンっと張った胃袋を抱えながら空になった容器を眺め、よく食べたなあと思いながら、ふとカレーを食べる時は特に食に貪欲になっているのではと気がついた。

美味しいものをたっぷりと食べるのが好きだけれど、満腹感は得意ではない。パンパンに膨らんだ胃袋を抱えていると、せっかく美味しいものを食べたのにその余韻は消え去り、重くて苦しい感覚に支配されてしまうからだ。お腹が落ち着くまでのしばらく美味しいと苦しいのせめぎ合いに頭も体も悩まされてしまう。

そうなってしまうのがわかっていながらもたらふく食べてしまうのがカレーである。時々無性に行きたくなるお気に入りの欧風のカレー屋さんがある。そこのカレー、私は東京の中で一番のお気に入りだが、大きなお皿にドーンとカレーがのって出てくるので、一皿食べ切る頃にはもう苦しくて動けない……なんてことになる。しかも、サイドメニューやトッピングも美味しく、食べ切れるかどうかのカレーがあるにもかかわらず、サラダやトッピングをいつも足してしまう。食べ終わる頃には「ああ、今日もご飯を少なめにと言うのを忘れてしまった」と膨れたお腹の苦しさに落ち込むが、思い返せば苦しさなんてなんのその、またすぐにでも食べに行きたい！　となっている。

友人がたまに作ってくれるシーフードカレーもおうちカレーの中では最高傑作なのではと思うほど罪な仕上がりだ。シーフードの旨味がギュッと詰まった優しい味のカレーを作ってもらえた時はお皿にこんもりとおかわりしちゃうし、残ったルーはタッパーに入れて持ち帰る。どうしてこんなに美味しいんだと聞いても「なんとなく作っているだけ」と言われ、レシピを真似しても絶対に同じ味にはならない。決め手は豆乳なのだそう。

市販のルーで作るおうちカレーもいいが、好きなカレーの中にグリーンカレーがある。あれも罪な食べ物だ。ココナッツミルクの独特な風味を感じながら、青唐辛子がいい仕事をしてくれる。無印良品に行った時に必ず買うもの、それはグリーンカレーというくらい好き。あったためてご飯にかけるだけで具材のたっぷり入ったお店レベルのカレーが食べられるだなんて、レトルトカレーを思いついた人に拍手を送りたい気持ちでいっぱいだ。

以前、別の友人が手作りのグリーンカレーを作ってくれたことがある。本人は簡単だと言っていたが、私には到底できそうにないので、これからも無印良品のグリーンカレー信者で居続けようと既に心に決めている。

多くの人がカレーが好きであり、インド料理でありながらも世界各地で愛されている。なんなら各地で進化を遂げ、その土地に適した味へと変化している。日本でも家庭料理としてその地位を確立しているところを見ると、カレーのスパイスの中には、人を夢中にさせ、食欲のたがを外してしまう何かが入っているのでは？　と疑いたくなる。

このエッセイを書きながらカレーのことばかり考えていると、食べたばかりなのにもう既に食べたくなっている。少しお腹に余裕ができたところにもう一口のカレーをと。

どんなに満腹の状態でも甘味が目の前に出てくると私の胃袋はすっとスペースを空けて

くれる空気の読める賢い胃袋だが、カレーに関しても同じなのかもしれない。空気が読める、というよりは欲望に忠実なだけかもしれないが。

一度カレーを食べるとしばらくカレー欲が続くので、ここから数日間はことあるごとにカレーを食べることだろう。友人の作るシーフードカレーを真似して作ってみようかな。一日目と二日目はそのまま、三日目はカレーうどんにして、最後は鍋に残ったカレーにご飯を絡めてオーブンでカレードリアに。ここまでがワンセットの理想的カレールーティーン。

それにしても今日のお弁当のカレーは大変美味しかった。どこのお店のものか確認しなくては。

さて、これから夜公演。満腹すぎて睡魔がこないよう、しっかり体を動かし胃袋の中身を消化させて臨もうと思う。

二度と味わいたくない

数年前、悲惨な事件が私の身に襲いかかった。

その日は両親が東京にやってきた。それなら食事でもと近所のお好み焼き屋に足を運んだのだ。お好み焼きと、鉄板焼きの具材をいくつか注文し、海鮮や野菜なども自分たちで焼き、家でホットプレートを囲んで食事をとっていた日々を思い出すような楽しい時間であった。

両親はそのまま愛知へと戻り私は一人自宅へ。寝る準備をしてベッドへ入ると、どうも体の様子がいつもと違う。胃のあたりがムカムカし、今にも食べたものが戻ってきそうな感覚。風邪でも引いたかと熱を測ってみても平熱。たくさん食べて胃もたれでもしたのかもしれない。きっと翌朝になれば大丈夫だろう。そう思い目を閉じても、胃の不快感は夜が深くなるとともに膨らんでいく。

湧き上がってくるものに横になることすらも辛く、トイレに立てこもる。全部出してしまえばスッキリするかもしれないと待ってみるも、酷い不快感だけが胃と食道に強くあるだけで打つ手がなかった。ぐったりとトイレの壁に体を預け、時がくるのをじっと待つことだけが最善策だった。

数年前に食あたりを起こした時は、出すものを全部出して翌日にはケロッとしていたので、この時はそこまで大ごとに感じていなかった。しかし、時間が経てば経つほどおかしな不快感が強くなり、目眩《めまい》と寒気までしてくる。

翌日は大切な仕事が詰まっている日だった。なんとしてでも体調を戻さねばとガタガタと震える体にカイロを貼るも症状は一向に変わらず。母に電話をし助けを求めると「あんた、牡蠣があたったんじゃないの？」と。

確かにお店で牡蠣のバター焼きを食べていた。けれどしっかりと鉄板で焼いた牡蠣であたるわけがない。きっと風邪を引いたんだと思うと返し、そのまま一晩をトイレを抱えながら過ごした。

翌朝、結局ほぼ一睡もできないまま仕事に向かうことになった。「体調が酷く悪い」とマネージャーさんに伝えたものの、相変わらずの酷い吐き気と、目眩に襲われ何度もトイレと楽屋を行ったり来たりする始末。

ここから私の記憶はかなり曖昧で、意識がもうろうとする中取材をし、そのまま病院に行ったらしい。マネージャーさん曰くここでウイルス性のものではないかと診断され、その旨は番組スタッフさんに伝えた状態でどうにかテレビの収録に向かった。この時の戦闘能力はほぼゼロに等しかったと思う。

番組のオープニング収録が始まると、私の前にいる司会のお二人の姿が水彩画のように滲んでいく。色はどんどんなくなり、もうグニャグニャで何がなんだかわからない。声がくぐもりどんどん遠くなっていく。あ、これはまずい、もう無理だと、残った力を振り絞ってセットから出た途端、私は床に倒れ込み、そこから完全に意識がなくなった。

目が覚めると私は病院のベッドの上にいた。こんなドラマみたいなことがあるのかと思った。血管が細いため、看護師さんが苦労したのであろう。点滴の針がガッツリ左手の甲に刺さって、添木のようなものでガチガチに固定されていた。

その後話を聞くと、私はスタジオで倒れた後局内の診療所にもうろうとした意識のまま運ばれた。手の施しようがなく結局病院に入院することになったそう。ノロウイルスに感染したのだろうと診断され、三日間入院生活を送ることになった。

幼い頃から貧血持ちだったので、朝礼などでばたりと倒れることがあったが、あんなに体からの危険信号を感じたのは初めての出来事だった。記憶が完全に抜け落ちていることも。

両親には事務所から連絡が入っていたらしく、母も私が倒れたことを知っていた。ノロウイルスだったらしいと話すと、だから牡蠣があたったって言ったじゃないとお叱りを受けた。どうやら、焼き牡蠣を食べた時、私は「まだ冷たい」と言っていたらしい……。ちなみにそれも全く覚えていない。

私が牡蠣を加熱不足で食べたことが引き金になった惨劇に多くの人を巻き込んでしまい、さらには収録を飛ばしてしまったことを今でも深く反省している。その節は、本当にご迷惑をおかけし大変申し訳ありませんでした。関係者の皆さんに届け……！

あんな心も体も辛い思いは二度と、心の底から二度と味わいたくない。だからあの事件以来大好きだった牡蠣を食べていない。

時々、人が牡蠣を食べている姿を見ると、あの濃厚な味や柔らかな食感を思い出しくそぅと唇をぎりぎりと噛むが、万が一にもあたったら……と想像し自分を律する。大人である。

皆さんもナマモノにはお気をつけを。まじで、超、辛い。

クマさんのグミ

私がまだ小学校に上がるくらいの頃、父が海外出張に行っていた時期があった。まだ幼かった兄と私に父はカラフルなクマの形のグミを買ってきてくれた。

可愛らしいクマのグミを一つ食べ、「外国の味がする！」と私は不思議な甘さのグミに一瞬で夢中になった。カラフルなグミをつまんで部屋の照明にかざすと、宝石のようにキラキラと輝く。欲張って手のひらいっぱいに摑《つか》んで同じことをすると、赤や黄色や緑の宝石の山が現れたようで、幼い私は心を躍らせていた。

クマの形のグミとは今ではポピュラーになったハリボーのゴールドベアのことである。当時は海外で流通しているもので日本でお目にかかれることはほとんどなく、父が出張のお土産に買ってきてくれることを待ちわびていた。

滅多に出会えないからと大事に食べたくても、独特なフルーツの味のするグミは一つ食べるとなかなか手が止まらない。「あと一つ、もう一つだけ」と口へ運んでいるうちにあっという間になくなってしまい、母に「もう食べちゃったの⁉」と呆れられてばかりいた。

　当時食べていたゴールドベアは今食べられるものより、大きくしっかりしていた印象がある。後から知ったが、あの弾力の強さには子供の歯固めをする効果もあるそうだ。子供の顎の力では噛んでも噛んでもなかなか噛み切れず、口の中でキャンディのように舐め、柔らかくして食べていた。

　ゴールドベアの中ではラズベリー味が一番好き。日本のグミにはない甘酸っぱいラズベリーの味と、馴染みのない香りが新鮮でそればかり選んで食べるものだから、一緒に食べていた兄はそれ以外の味を黙々と食べてくれていた。

　数年後、家族で御殿場のアウトレットに出かけた時、特に見るものもなく両親の買い物に付き合いながらぶらぶらしていた私。ごはんでも食べようかとフードコートに向かう途中に、移動式のキャンディショップを見つけた。キャンディや、グミやマシュマロはサーカスの衣装のようにカラフルで心を奪われ目を輝かせながら眺めていると、なんとその中にゴールドベアがあったのだ。私の宝物のグミはこの日もプラスティックケースの中でキラキラと一際輝いていた。私は声を上げ、バンザイをし、母に飛びつきながら「大好きなクマさんのグミがあるから買ってほしい」と必死にせがんだ。当時もまだなかなかお目にかかることができなかったからか、珍しいねと母も快諾してくれ私は嬉々としてゴールドベアを袋いっぱいに買ってもらったのである。

それ以来ゴールドベアが食べたいがために、アウトレットに行ける日を心待ちにしていた。今でもキャンディショップを見かけると引き寄せられるようにフラフラと近づいてしまうのは、そこが私にとってのジュエリーショップだからかもしれない。

両親はゴールドベアを見つけると「大好きなクマさんのグミあったよ」と私のために買ってきてくれていたが、仕事を始めてからゴールドベアを食べる機会は次第に減っていった。実家に帰ることが少なくなったのが大きな原因だと思う。

しかし、気がつくとハリボーのグミがコンビニで買える時代がやってきていたのだ。初めてコンビニでゴールドベアを見つけた時は、生き別れた兄弟に再会したような気分だった。嬉しさのあまり、すぐに手に取れず、じっと見つめ、速くなる鼓動を抑えつつ、「お前……こんなところにいたのか」といった感じで、恐る恐る手を伸ばす。紛れもない本物だった。恋い焦がれた笑顔の黄色いクマのキャラクター。私は心の中で嬉し涙をダバダバ流しながらグミを抱え、レジへと向かったのであった。

もちろんゴールドベアも好きだが、私はマシュマロとグミが一体になっているものが特に好きだ。日本で買えるものだと、まずはフロッグ。カエルの形をしたグミのお腹の部分が少し硬めのマシュマロになっている。白い部分から食べるのがお気に入りだ。もう一つはスターミックスの中に入っている目玉焼きの形のグミ。これは白身の部分がマシュマロになっていて多く入っていると得した気分になる。他にもベリー系の味が揃ったピンキー&リリーとハッピーチェリーも外せない。

半年に一度、異常にグミだけを食べたくなる時がある。大抵は酷く落ち込んでいる時か、気持ちがギスギスしている時だ。そんな時はハリボーがたくさん置いてあるカルディや、PLAZAへ駆け込み、片っ端からグミを買って、買って、買いまくる。そして気が済むまで食べることにしている。噛むほどに心が落ち着き、初めてゴールドベアを食べた子供の頃に気持ちが巻き戻されていく。頭の中は美味しいと幸せでいっぱい。

実はハリボーには百を超える種類があるそうだ。数年前、日本のあるイベントで全種類が集まったことがあった。ハリボー好きな私はたいへん楽しみにしていたが、残念ながら参加することができなかった。いつかハリボーの本社があるドイツに行って、ありとあらゆるハリボーをこれでもかとキャリーに詰めて帰ってくるのが私の密かな野望である。

ユーミンのジブリ力

慌ただしく撮影現場を飛び回っている日々があった。

今日はA、明日はB、翌日はCからのA。その慌ただしさにありがたさを感じながらも、現場が続くときちんとしたものが食べられなくなるのが悩みの一つとして浮上してくる。

私は食品アレルギーがあるので、できるだけ簡単な食事を持っていったり、それができない時は手軽に食べられるものを買うことがあるのだが、ふつふつと湧いてくるのが、料理欲。大したものを作るわけではないが、料理をしている時間は無になれる時間だと思っている。慌ただしい日々の中でリフレッシュするとなると、料理をしたい、何か作りたいという思考になる時がある。

仕事を始めた学生の頃は終電で帰ってきて、おもむろにキッチンに立ち、ホットケーキのミックス粉をザーッとボウルにあけ、うおりゃーっと最後の力を振り絞る。オーブンにバチンと入れ込み、そのまま寝るとあら不思議、翌朝には美味しいパウンドケーキが出来上がっている。

愛情たっぷりのお菓子ではなく、慣れない環境への戸惑いや、若さ故のやり切れなさがこもったそれを、家族は何も知らずに美味しく食べてくれていた。

ある撮影が早く終わった日、私は喜び勇んでスーパーへ向かい食材を調達し、家に帰った。

今日のメニューは具沢山の野菜スープと、メインは鮭のムニエル。スープは日持ちもするし、野菜もたっぷり摂れる。スープジャーに入れれば現場にも持っていける優秀かつ、お手軽メニューである。

日頃それなりに料理はするが、撮影期間になると慌ただしくなり、簡単なものでも何かを作れることが嬉しくなる。何を作るか考えたり、自分のお腹の気分を探ったり。料理をする間、無になって食材を切り、焼いたり煮込んだりするのも、人間らしいことをしている気がして体の中に溜まっていたモヤモヤがすっと抜けていく感じになる。役と自分を切り離すリセット方法の一つなのかもしれない。

無になれるといっても無音では味気ない。いつもは好きなアーティストの曲を流したり、YouTubeをラジオ的に流しているが、この日はジブリソングを流すことにした。

松任谷由実さんの歌声が流れてくると、キッチンはたちまちジブリワールドに変身する。プラスチックのまな板を、あえて木のまな板に替えて雰囲気を演出しよう。こういう小さなことも雰囲気作りには大切だ。

玉ねぎを切り、にんじんを切り、きのこを裂いていく。ブロッコリーは冷凍していたものを煮込みながら解凍。たまに鼻歌なんか歌ってみたり、リズムに合わせて包丁を動かしたり。大したものではないのに、大きめに切った野菜をポイポイと鍋に入れていく度にどんどん浮かれていくのがわかる。

鮭の下処理も済ませて、スープの味付けに移る頃にはもう気分は『魔女の宅急便』のキキ（キキはスープも、鮭のムニエルも作ってなかったけれど）。

ジブリソングと料理の相性がいいことに気がついてから、最近はもっぱらジブリソングを流している。

『千と千尋の神隠し』のサントラは、おにぎりを握る時に最適だ。おにぎりはあっという間に握り終わってしまうので、食べる時もそのまま流し、千尋のように頬張ってみたりする。超お手軽なラピュタパンもサントラを聴きながら食べれば、あっという間にパズーたちがいた洞窟の中の気分。

ジブリ映画に出てくるごはんは「ジブリ飯」と呼ばれているが、アニメーションなのに美味しそうなことこの上ない。『ハウルの動く城』のベーコンエッグなんて、見ているだけでお腹がグゥッと鳴りそうなしずる感。真似をして作った人もいるのではないだろうか。

三鷹の森ジブリ美術館では、館内にある麦わらぼうしというカフェでジブリ飯を食べることもできる（メニューが随時替わるので注意）。

以前行った時は、『魔女の宅急便』に出てきたチョコレートケーキと、パンケーキを食べた。チョコレートで艶やかにコーティングされたケーキの上には、ＫＩＫＩの文字と、彼女の横顔が描かれていた。中はしっかりずっしりとした重めのケーキ。

パンケーキは作品に出てきたのと同じようにパンケーキの横にソーセージと、プチトマトが二つ。上には正方形のバターもしっかり添えられていた。再現度に惚れ惚れしていると熱でバターがじんわりと溶け、生地の上を滑っていく瞬間を幸せだーと眺めていた。

家でも簡単に作れるものではあるが、ジブリ美術館を堪能した後に立ち寄ると感動もひとしお。

家で料理や食事をする時、一人が多いからだんだんと雰囲気が味気なくなってくる。そこにひと匙《さじ》のスパイス的エンターテインメントを加えると美味しさがワンランクアップする気がするのだ。楽しみは自分から見つけに行かねば。

レミーのラタトゥイユ

ディズニー作品で何が好きかと聞かれることがある。これは大変困った質問だ。ディズニーと大きく括られているが、同じディズニーでもウォルト・ディズニー・スタジオ制作と、ピクサー・スタジオ制作があるのだから。好きが故にディズニーならこれ、ピクサーならこれと答えたくなってしまう。うぬぬ。

ある特別な視点からいえば『レミーのおいしいレストラン』が特別にお気に入りだ。私は昔から食べ物を扱った作品が好きで、この作品はシェフに憧れたネズミのレミーがレストランに入り込み、新米シェフのリングイニと協力して美味しい料理を作っていくという物語。とても素敵で夢のあるサクセスストーリーだと思う。

この作品の何がいいかというと、レミーの食へのこだわりが強く描かれていることだ。食材のマリアージュを常にイメージし、粗悪なものは口にしない。どうしたら美味しく食べることができるのかを考え、小さな体を使ったり、リングイニの頭（知恵ではなく本当に頭）と手を借りてどんな料理も美味しく調理してしまう。そこへ料理評論家のアントン・イーゴがやってくる。彼の料理評論はお店への影響が強く、レミーとリングイニはレストランの今後の評価を担う一品を作ることになるのだ。

さて、レミーはどんな料理を作るのか。それが原題になっている『ラタトゥイユ』である。

ラタトゥイユとはフランス南部の郷土料理。夏野菜をふんだんに使ったトマトベースの煮込み。そのまま食べたり、パンにのせたり、時にはパスタに絡めることもある。私も何度か作ったことがあるが、具材を切っていっぺんに煮込むだけの本当に簡単な料理だった。これがフランスの伝統的な郷土料理というのも納得で、さっと作って日持ちもするし、アレンジもできてしまう万能な一品。

『レミーのおいしいレストラン』ではこのラタトゥイユを素敵なレストランアレンジをして作っていた。同じ大きさの紫のナス、黄色いズッキーニ、真っ赤なトマトを薄く薄くスライスし、綺麗な円を描くようにフライパンに敷き詰めていく。夏を感じさせる色彩は大輪の花を描いた一つの芸術作品のようである。

いつかこの洒落たラタトゥイユを再現してみたいと思うが、そもそも日本に黄色いズッキーニはなかなか出回っていないし、綺麗な見た目を作るためには具材の大きさを揃えなければいけない。同じくらいの直径のナスとズッキーニとトマトを探すだなんて考えるだけで気が遠くなる。しかもレミーは具材の下にペースト状の何かを敷き詰めていた。トマトソースということは予想できるものの、本来は具材を一緒くたに煮込んでしまう料理。ベースになるトマトソースが味の決め手になることは間違いなく、パンチのある美味しいペーストを作ることは私には不可能だと早々に諦めた。

憧れは憧れのままにと潔く放り出し、その数年後コンセプトカフェでこのレミーのラタトゥイユに出会った。手のひらほどの大きさのスキレットの上に綺麗に並べられた色とりどりの野菜たち。見た目は映画に出てきたそのままだった。しかもプチトマトを鼻に見立て、その横に黒く細長い髭も添えられている可愛らしい演出付き。再現度の高さと可愛さに一緒に訪れた友人と声を上げながら様々な角度から眺めた。ベースはトマトペーストでありながらもそれだけではない入り組んだ味付け。大きな鍋でこのラタトゥイユを作ることはできなくてもこのサイズのスキレットでなら作れるかもしれない。少しだけ自分の夢を叶えるための希望が見えた気がした。

しかしそこから数年経った今もなお、レミーのラタトゥイユは作っていない。

ジブリ飯のように、ディズニー映画にも真似をしてみたい美味しそうなメニューがたくさんある。幼い頃は『白雪姫』に登場するパイに強い憧れを抱いていた。実はこのパイ、最近までずっとアップルパイだと勘違いしていたが、本当はグースベリーパイという名前らしい（日本語ではいちごのパイになっているよう）。フィリングを入れ、ふんわりと生地をのせた後は小鳥がパイの縁を踏んで跡をつけていく。現実にそんなことは起こらないとわかっていながらも、子供の頃はパイの縁を見つめながらこれも小鳥が踏んでいったのかな？　と心の中で小さく興奮していた。

海外が舞台の作品だからこそ、ベニエやチーズスフレ、クリスマスのプディング、ショートブレッド、キャラメルがけのりんごなど、見たことや味わったことのないものがたくさん出てきて目新しさを感じる。ジブリ飯はいくつか作ったことがあるからこそ、いつかはディズニーグルメも作って楽しんでみたい。きっとその時、気持ちは夢の国の中。BGMはディズニーソングで、想像の中で歌って踊りながら料理をすることだろう。その第一歩として特に気に入っている『レミーのおいしいレストラン』のラタトゥイユから始めるのはいいのかもしれない。見た目も味も綺麗で、素敵なおもてなし料理になりそうな予感がする。

二万六千円で手に入る意識改革と理想の体

ジョギングを始めてみた。しっかりと走り込むランニングとは違い、ゆったりと二キロくらいを走る。長くは走れないので、五分走って、五分歩くことを二セット。それでノルマはおしまい。

なぜ走るつもりになったのかというと、先日読んだ本の影響が大きい。ランニングをすると精神力が鍛えられ、持久力と集中力がつくと、とある作家さんのエッセイに書いてあったからだ。物は試しである。興味を持ったのが良いきっかけだと、嫌いなことを克服するべく思い立った私。疲れたからとか、面倒くさいから走るのはやめだ！　と三日坊主にならないように、スポーツショップで店員さんに付き合っていただき、良いランニングシューズを選ぶことにした。

スニーカーが好きな私だが、ランニングシューズをきちんと選ぶのはこれが初めてだった。最近は技術の発達が進み、お店には足をスキャンしてくれる機械があり驚いた。靴を脱いで機械の上に乗るだけで、足のサイズや幅、甲の高さを計測してくれる優れものである。そこで知ったのが、私の足は左右で〇・五ほどサイズが違ったことと、酷い扁平足だということ。どうりでいつも片側だけ靴が緩いわけだと、長年の謎が解けた瞬間でもあった。

一口にランニングシューズと言っても種類が豊富で驚いた。走る速度や、目的に合わせた靴があり、それぞれのスペックの違いを理解することでもう精一杯。「とりあえず、軽いジョギングと、ウォーキングのためのシューズを探していて、三キロ程度を走ったり歩いたりするつもりです」と店員さんに告げると、いくつかのシューズを丁寧にプレゼンしてもらえた。

選んだのはミズノのシューズ。好みもあるが、私はクッション性が高く、爪先が反り上がっているタイプのものが気に入った。体重移動がスムーズに行え、足への負担が少なそうだったのが決め手である。

今はまだ慣らしながら、走るフォーム、特に足の運びに気をつけているが、次の足を踏み出す手厚いサポートをしてくれている気がする。中に入れたお高い扁平足用のインソールにも大変助けてもらっている。これがなかったら私の足底筋膜が悲鳴を上げていたことだろう。

笑顔で「走るのは好きですか？」と聞いてくれた店員さんに「嫌いなので走ろうと思っ

て」と告げると、やんわりとした笑みを浮かべて「頑張ってください」とエールを送っていただいた。ちょっぴり心苦しかった。

高いシューズを手にした私はもう後戻りができない。これで三日坊主になってしまえば初期投資が無駄になる。きっと靴箱の中にあるランニングシューズを見る度に、私はどこか後ろめたい気持ちになり、また新しいことを続けられなかったと自分を責めることになるだろう。まずはゆるく三ヶ月頑張ることを目標に、尊敬する作家さんのいう精神的持久力と、集中力を手に入れるべく、ヒーロー漫画の主人公のごとく己に打ち勝ち、毎日走っているわけだ。

走り始めると、次第に食に対する意識が変わってきた。これまでも軽い筋トレはしていたが、有酸素運動を取り入れたことにより心なしか体がスッキリとしてきた気がするのだ。体の変化を感じると、今までにも増して体に良いものを摂取しようという気持ちが芽生える。

運動を怠けている時は面白いくらいに食生活が乱れる。甘いものをダラダラ食べたり、お腹が空いてもないのにつまみ食いをしたり。栄養バランスを考えない適当な食事ばかりが続くと体に顕著な変化が訪れる。ゆるっと、もったりとしたラインになり、締まりがなくなるのだ。気持ちが落ちているとそれでもまあ良いかとなってしまう怖さ。

その反面、ストレッチ、筋トレ、ジョギングの成果が出始めている今、体重はそこまで変わらないけれど、体のラインは少しスッキリとし、余分なものがなくなって気持ちがい い。気分もどこか前向きになる。これはきっとノルマを達成する成功体験が続くからだろうなと実感している。

ゆるくバランスに気をつけ、普段食べるのが苦手なタンパク質を積極的に摂るようにし、運動の前は炭水化物を食べ燃料を体に入れる。当たり前だけれど、食べることと体はつながっていて、必要なものを食べ、運動するのが一番健康的だ。

最近のお気に入りは、アボカド、プチトマト、納豆を一つのボウルに入れて食べること。そこにミョウガをたっぷりたっぷり入れ、だし醤油とMCTオイルを回しかけて完成。手軽にできて、さくっと食べられ満足感もある。ここに玄米を足したり、鶏肉や魚、もしくは豆腐を付け足すこともあるが、中に入れる野菜もその時々で変えつつ、基本形はこれがスタンダード。

体に良いことをしていると、いいぞ自分、今頑張っててとっても素敵！　と感じる。誰のためでもなく、自信が持てる自分になれるよう、この先もゆるりと食事管理と運動を続けられたら理想的だなあと考えている。そして、ランニングシューズが無駄にならないように「二万六千円もしたんだからな！」と自分を焚きつけ走り続けたいと思う。

地元自慢

私の育った街は愛知県の豊橋という街だ。人口よりもキャベツの生産量が多い街である。これは私が言ったのではなく、昔『踊る！　さんま御殿!!』の視聴者投稿で紹介された話。それを聞いた時、思わず笑ってしまった。今は家がたくさん建っているが、昔は本当にキャベツ畑だらけだった。どこもかしこも、キャベツキャベツキャベツ。スーパーでもキャベツがドーンと積まれていた。

豊橋に美味しい野菜や果物がたくさんあると知ったのは、地元を離れてからだった。数年前に久しぶりに豊橋産のキャベツを食べた時、まるまると太ったビジュアルに驚いた。見た目通りずっしりと重く、半分に切ると葉の一枚一枚がみっちりと隙間なく重なり合う。みずみずしく、パリッとした歯応えと、しっかりとした野菜の甘味。一人でひと玉は多いかなと思っていたが、あっという間に食べきってしまった。

豊橋産のトマトも大好きである。豊橋はトマトの温室栽培が盛んで、たくさんの種類がある。なかでも〈あまえぎみ〉というブランドが本当に美味しい。ジェリービーンズのような細長いミニトマトは、赤、オレンジ、黄色とカラフルなビタミンカラー。色によって酸味や甘味も違ってくる。

舞台公演が豊橋であった時、市からのご厚意でたくさんのトマトを差し入れていただいた。そこで食べたあまえぎみの美味しいこと！　皮がしっかりとし、まるでスナックを食べているようなサクッとした食感もやみつきになり、手が止まらない。特にあまえぎみのクレアという黄色い品種が気に入り、それを山のように食べていた。

男性ばかりの座組みだったが、男性キャストたちもわーっとトマトの前に集まり、みんな甘くて美味しいと次から次へと食べてくれていた。

この出会い以来私はクレアの虜になり、収穫時期になると豊橋から箱で送っていただき、一キロをペロリと食べてしまう。他の品種に比べ、甘味の強いものなので食後のデザート代わりや、小腹が空いた時のおやつにもぴったりなのだ。

収穫時期と撮影の時期が重なると、差し入れとして現場に入れてもらったりもする。もはやブラックサンダーかトマトかというくらい差し入れの定番化しているほどだ。スタッフさんや共演者の方々が「これは本当に美味しいな」と何度もトマトを食べに来る姿を見ると、地元の味を認めてもらえた気がして誇らしい気持ちになる。

他にも、「ヤマサのちくわ」が有名だが、ご存じだろうか。子供の頃からちくわといったらヤマサのちくわで育ってきた私は、東京のスーパーにヤマサのちくわが置いていないことがカルチャーショックだった。他のちくわも美味しいけれど、やっぱりちくわはヤマサでなくちゃという気持ちもあり、地元に帰りヤマサのちくわを食べるとそのプリッとした食感と、鼻を抜ける練り物の香りにこれこれ！　と膝を叩きたくなるのである。

朝ドラの『エール』はヒロインの音の故郷が豊橋ということもあり、女学生時代の実家のシーンではちくわが出てきた。それもちゃんとヤマサのちくわである。手でつまみヒョイッと口に運ぶ時、私も子供の頃こうしておやつにヤマサのちくわを食べていたな、と思い出すのだ。そのままでも美味しいし、きゅうりを入れたり、マヨネーズをつけたり。お味噌にもよく合う。

名古屋駅でも新幹線のお土産売り場でヤマサの豆ちくわが売っているので、ぜひ見つけた時は食べてみてほしい。きっとビールの素敵なお供になってくれることと思う。

そして忘れてはいけないのが、ここ数年で豊橋の有名B級グルメとなっている「豊橋カレーうどん」の存在。

・自家製麺を使用する
・器の底から、ご飯、とろろ、カレーうどんの順に入れる
・豊橋産のウズラの卵を使用する
・福神漬け、または壺漬け、紅しょうがを添える

・愛情を持って作る

この五つを守って作られたものが豊橋カレーうどんだ。なのでウズラの卵が薄焼き卵になっていたり、他にもトッピングでプチトマトがのっていたりとお店によって見た目も味も少しずつ違う個性を持っている。豊橋カレーうどんマップなるものもあるので、食べ比べをするのも楽しい。

初めて食べた時、カレーうどんを食べた後に丼の底から現れたとろろご飯にびっくりした。かなりのボリュームだが、和風だしの効いたカレーにこのとろろご飯がよく合う。とろろがツルッとし、胃まですするするとご飯を運んでいってくれあっという間に食べてしまう。

豊橋には穂の国とよはし芸術劇場ＰＬＡＴという平田満さんが監修された素晴らしい劇場がある。年に何本も演劇が上演されているが、そこでお芝居をした方々もきっと食べたことだろう。

さらに、フィルムコミッションも盛んな街で、映画やドラマの撮影で訪れたスタッフさんや役者さんたちも食べてくれたと聞いている。もちろん朝ドラ『エール』の皆さんも食べてくれていた。

住んでいた時は、あまりにも自分に近すぎて地元の良さがわからなかったが、離れてみると美味しいものがたくさんある素敵な場所なんだと誇らしく感じている。豊橋カレーうどんも、豊橋産の農産物もぜひ一度ご賞味あれ。

これっくらいのお弁当箱

私の持っているお弁当箱はどれも小さいものばかり。それで足りるの？　と聞かれるけれど、子供が使うような小さなサイズが一番落ち着く。現場で出るお弁当ももちろん好きだけれど、大きくてどこか落ち着かない気持ちになる時がある。

子供の頃、私は食が細かった。好きなものしか食べないし、一度ハマるとそればかり。そんな私のお弁当箱は小さくて、いくつも容器が分かれている物だった。これはおかず、これはご飯、こっちには果物で、ここにはゼリー。それらをきっちり組み合わせると私のお弁当セットの完成。

母はお弁当作りに苦労したそうだ。偏食が故にこだわりが強かった私。自分の手のひらよりも大きなおにぎりを渡されると、本当に食べ切れるのだろうかと迫り来る米粒の集合体プレッシャーに負け、二口ほどで食べるのをやめてしまったり。母はどうするべきか考え、手のひらサイズの小さなおにぎりをいくつも作って詰めてくれていた。ヒョイッと口に放り込めるサイズはスナック感覚に近く、食べるというプレッシャーを和らげてくれていた気がする。

そもそも私は食べるのが人より遅い。お弁当の時間も、給食も食べ切るのはいつも最後。昼休みの時間までかけて食べたこともあった。早く食べないと、お皿の中を空にしないと。でも本当に食べ切れるかな。ああ、段々お腹が苦しくなってきた。そんなことをずっと考え憂鬱な気持ちになっていた。小学生の頃は特に、時間内に口の中に詰め込んで、遅いと怒られないようにしなければという義務感が強かったように思う。こっそり「牛乳を飲んであげるから、代わりにご飯かおかずを食べてほしい」と男の子に頼んでいたこともあった。

お弁当の日となると母は忙しい中でたくさんの工夫をしてくれていた。おかずを仕切る緑のバランが可愛くないと手をつけなかった私のために、きゅうりでおかずを仕切ってくれたそう。しかし時間が経ってしなしなになったきゅうりが不気味に見えたのか、きゅうりもそこに触れていたおかずも残して帰ってきた。

その一件があってから他の方法での彩りとして、カラフルで可愛いカップやカラーピックや旗が刺さっていることが増えた。可愛いトマトや、ハートのピックがあるだけで、お弁当の中がお子様ランチのようになって、開けた瞬間に声を上げていた。

小学生の中頃からは「冷凍食品は絶対に入れないで！　ただしコーンクリームコロッケ

は絶対入れて！」と無茶振りをしたこともあった。お弁当用の冷凍食品がかなりポピュラーになり始めた頃だったと思う。しかし冷凍特有の独特な風味がどうにも苦手だった。噛んだ瞬間の食感が気持ち悪かったし、水分が出ているようにも思えたのだ。しかしコーンクリームコロッケだけは違った。冷めても美味しく、中から粒のコーンがどさっと出てくる。お弁当の日だけ食べられるこのコロッケを私は何よりも楽しみにしていた。

そんな大好きなコーンクリームコロッケの横に、母はプチトマトを入れたのだった。これはもう重大な反逆であり、大罪である。私がハートの女王だったなら、今頃母の首から上はなかったことだろう。

私はプチトマトが大好きなのだ。しかし、あたたまったり、油のついたプチトマトは、それはもうプチトマトではなく、ギトギトした野菜に成り下がる。私は母に何度も伝えた。お願いだから油物の横にプチトマトは入れないでくれと。

しかし、年に数回しか作ってもらうことのなかったお弁当。次に作るときには母はすっかり忘れ、またプチトマトをコロッケの横に入れるのだ。これを私は密かに「プチトマト戦争」と呼んでいた。ちなみに私と母の間には「山芋のチーズ焼きの乱」もある（どちらも今は終結している）。

そう文句を垂れても母は私の好きなものは覚えていてくれる。冷凍のコーンクリームコロッケが好きなことも、プチトマトが好きなことも知っているからお弁当に入れてくれるのだ。きゅうりを詰めたちくわや、アスパラのベーコン巻き、卵焼きも。

我が家の卵焼きはしょっぱい系だ。卵と一緒に合わせ味噌を少しだけ溶き入れる。そうすると、食べた時に味噌の程よいしょっぱさが広がる。それが我が家の定番の味。

友達とお弁当の卵焼きを交換した時は衝撃だった。しょっぱいはずの卵焼きが甘いのだ。麦茶と思って飲んだものが麺つゆだったくらいの衝撃。なんで卵焼きなのにこんなに甘いんだと驚くと、相手もしょっぱい味がするのと驚いていた。スタンダードだと思っていたものが打ち砕かれた初めての経験だったかもしれない。

何度か甘い卵焼きを食べたが、やっぱりしょっぱい方がしっくりくる。味噌を溶いたものを食べると、お母さんの味だなとしみじみ。これは私が再現できる唯一の母の味。

小さなお弁当箱に私の好きなものだけを詰めた松井家の定番のお弁当を作ると、子供の頃を思い出しうふふと一人嬉しくなったりする。小さな箱の中に詰める定番が、きっとそれぞれにあるのだろう。

サンドウィッチの誘惑

美味しいパン屋さんに出会ってしまった日から小麦粉への恋心が冷めやらぬ私。これはと思わせてくれるパンを探して歩く、そんな状態に陥っている。グルテンとは恐ろしいものである。食べてしまえばその美味しさを思い出し体が欲し始め、それに伴い食欲も増していく気がするのだ。とある人が「人は穀物に生かされ支配されてる説がある」と話していたが、今はその説に納得してしまいそうなほどだ。

以前共演した女優さんがとてもパン好きな方だった。その方と都内の美味しいパン屋さんを巡る、というロケをしたことがある。とても楽しくて、終始陽気な気持ちになったロケだった。シーフードがたっぷりのったパンや、トリュフが芳《かぐわ》しい塩パンを食べた。このトリュフの塩パンは今でも時々買いに行くほど気に入って、塩パンもトリュフの香りも好きな私にとっては抜群の組み合わせ、夢の共演なのである。あたためた時にパンの底からじーんわりとバターの油と塩分が染み出してくる様子を見るだけで、ごくりとつばを飲んでしまう。一口食べれば口の中がブルジョア。これがたったの180円だなんて。衝撃の価格設定に唸るしかない。

ロケの最中、彼女が「渋谷のVIRONの生ハムとチーズのカスクートが美味しいんだよね」と言っていた。以来渋谷に行く度にいつか食べようと心に決めていたが、一度店に入った時ショーケースに並んだパンたちに尻込みしてしまい、肩を小さくすぼませながら店を出てしまった。

東京に来てからというもの、実はパン屋への足が遠のいていた私。なぜならケースの中にずらりとパンが並べられているお店が多いからである。私は自分でパンをトレーにのせたい派なのだ。トングをカチカチと意味もなく鳴らしながらどれにしようかと悩みたい。それに、店員さんにこれと、あれと、それをくださいという作業がどうも煩わしく感じてしまう。ひとつひとつ丁寧に取ってくださるのはありがたいが、こんなところで私が元来から持っているせっかちな一面が出てしまう。

しかし美味しいとわかっているものがそこにあるのなら背に腹はかえられぬ。食欲のために、ほんの少し待てばいいのである。ということで意を決しVIRONのドアを改めてくぐる私。生ハムとカマンベールのカスクートを注文し心を無にしてじっと待つ。禅の心を持ち店員さんの手元を見つめていた。ワックスペーパーでキャンディのように可愛らしく包まれたものを受け取り、スキップしたい気持ちを抑えながら真顔で店を後にした。包みをほどき、中から現れた見た目からもわかるカリッとした黄金色のバゲット。そこからはみ出した透明感のある桃色の生ハム。艶めかしさすら感じるそのビジュアルにドキドキしながらかぶりつくと、香ばしい小麦の香りに生ハムとチーズがよく合う。これまで多くのカスクートを食べてきたわけではないが、これが最高峰の中にあることを理解し、やはりパン好きのあの方が言うんだから間違いないなとひとりごち。

別の日、現場に入るとケータリングの中にクロワッサンのサンドウィッチがあった。デニッシュ系のパンに目がない私は息をのみながら手を伸ばすが、先程別の現場でお弁当を食べてきたばかりである。これを食べてしまったら流石に食べすぎじゃないかと自分に言い聞かせようとしたが、クロワッサンサンドが包まれたビニールに貼られたシールには「メゾン・ランドゥメンヌ」の文字。

おいおい待ってくれよ。お洋服屋さんでメゾンが付くお店はたくさん知っているけれど、パン屋さんなのに名前にメゾンが付くだと？　そんなの絶対に美味しいに決まっているじゃないか！　と引っ込めた手をさっきよりも素早く伸ばし、美味しいものは食べないと損だと袋を開けた。

中にはフリルレタスとトマトとアボカド、サーモン。レタスとトマトはフレッシュで、アボカドはクリーミー。サーモンの程よい脂が味にパンチを持たせ、その全てをバターの甘い香りのするクロワッサンが包み込む。

さすがメゾンというだけのお味である。こちらもまたブルジョアな気分にしてくれるじゃないのと控え室で一人ニヤニヤしながら、ブルジョアとはかけ離れた大口を開けてかぶりついていた。

こんなおしゃれなケータリングを入れてくださったスタッフさんに感謝しながらお店の情報を調べると、どうやらここはクロワッサンが有名なお店らしくSNSにはクロワッサンの写真がたくさん載っていた。テラス席に座りクロワッサンと紅茶やコーヒーを飲みながらのブランチをしているおしゃれな女性たちの写真も。さすがメゾンである。ここはここで別の意味で訪れるのを尻込みしそうだなと思ってしまう私だが、この美味しさを誰かと共有したいくらい均衡の取れた美味しいサンドウィッチだ。

訪れる時は間違ってもスウェットや首の伸びたTシャツを着て行かないように気をつけなければ。その際はお上品に小さな口で食べたいところだが、サンドウィッチもカスクートも、パンに何かを挟んでいるものはかぶりつくから美味しいのである。自分の食の美学に従って、貪欲に大きな口でいただくことにしよう。

内臓からのエマージェンシー

ここ数年、プロテインを飲むことが世の中に浸透してきたように感じている。プロテインといえば筋肉増量のためのイメージが強かったが、今は健康のため、補いきれないタンパク質を効率よく摂取するために積極的に飲んでいる人が多いイメージがある。

私は素人知識なので完璧に理解をしているわけではないが、タンパク質は三大栄養素の一つであり、欠かせない栄養である。

一日に必要な量をとろうとするのは、なかなか難しいことだ。毎食しっかりと肉や魚、豆類をとり、バランスよく食べていればプロテインで補わずに済むのだろうが、私は若干の偏食と、食べられる量にばらつきがあるので、プロテインを補助食品として取り入れることにしている。撮影が忙しくてごはんの時間が遅くなりそうな時も、プロテインを飲んで即席のエネルギー補給に充てたりもしている。

しかし、最近プロテインを飲むとどうにも体調が悪くなる。飲んだ直後から胃が重く、キリキリと痛みだすのだ。上手く消化できていないのではと感じ、飲むタイミングを工夫してみても症状は変わらずじまい。飲む度に半日ほど胃の不快感が続く。健康になりたいのにこれはとても辛い。

飲んでいたのはホエイプロテインで、牛乳に含まれるタンパク質の一種を粉末状にしたものである。

私は大人になってから軽度の牛肉アレルギーがあることが判明し、牛肉を食べることができない（軽度なのでエキスは大丈夫）。しかし、牛乳などの乳製品は摂取しても問題はないので、気にせずホエイプロテインを選んでいた。もしかしたら乳製品でもアレルギー反応が出てしまうようになったのかと心配をしたが、ネットでプロテインによる胃痛の原因を調べてみると、中に入っている乳糖が体に合っていない可能性があると書かれた記事を見つけた。乳糖不耐症というらしく、最近の症状と照らし合わせても該当する部分が多い。

乳糖不耐症は簡単に説明すると、牛乳の中に入っている乳糖という成分を分解する力が弱く、胃腸に不快感が出たり、お腹が痛くなってしまう状態だ。牛乳を飲むとお腹がゴロゴロするのもこれに当たるそう。

しかし、牛乳を飲んでも調子は悪くならないし、少し前までは同じものを問題なく飲めていたわけで。謎は深まるばかりである。

そこでもう少し調べてみることにした。浮かび上がってきたもう一つの原因と思われることの中に、タンパク質の量が多く胃が分解できずにいるかもしれないという可能性である。多くのプロテインは一回分で二十グラム前後のタンパク質が摂取できる。それをいっぺんにとろうとすると、胃腸のコンディションによって体がびっくりしてしまうこともあるらしいのだ。対処法としては量を減らし体を慣らすこと。

試してみたが結局私の胃痛は改善されず。合う合わないもあるのだろうと諦めて、大豆のタンパク質を基に作られたソイプロテインに変えた。すると胃痛はなくなり不快感に悩まされることもなくなった。けれど、何が悲しいってお気に入りだったプロテインが体に合わなくなってしまったことである。お水で割っても美味しいプロテインをやっと見つけられたのにと、キッチンに置かれたまだ重たい袋を見るとわずかに気分が暗くなる。誰かにもらってほしいけれど、封を開けたものを人に渡すのは気が引けてしまう。もったいない。

先にも書いたが、私は軽度の牛肉アレルギーを持っている。そのため人と食事をする時には前もって伝えておくが、相手にかなり気を使わせてしまうことが悩みの一つになっている。これは大丈夫か、食べるものがあるかと聞かれる度に申し訳ない気持ちになっていく。そんなに酷いものではなく、牛肉そのものが食べられないだけなので、例えば牛肉カレーも肉そのものを食べなければグレーであるが大丈夫。

焼き肉屋に行ってもみんなと同じように牛肉を食べたりはできないが、サイドメニューでお腹を満たしながら、みんなが食べるお肉をせっせと焼いて楽しんでいる。美味しさは共有できないが、時間が共有できればそれで幸せなのである。

様々なアレルギーや、体質に合わないものがある方は少なくないと思う。当たり前のことだが、自分の体に合わないものがあることを把握しておくことは健康を維持するためにも、自分を守るためにも本当に大切なことだと感じずにはいられない。

以前もつ鍋を食べた時、鍋の肉は全て豚肉だと思い込んでいた私。もりもりと入れられたマルチョウが牛肉であることも知らず、パクパクと食べて酷い目にあった。ぷりんとした脂たっぷりのものを十個は食べた頃に胃が急激にもたれ始め、吐き気がし、なんだか体がおかしいぞと異変に気づいた時、それが牛肉だと知り真っ青になった。本当に無知であることは恐ろしい。

先日もグミのアレルギー表示に牛肉と書かれているものがあり驚いた。自分の健康を守るため、周りに迷惑をかけないためにも何が使われているのかしっかり確認せねばと改めて思う日々である。そして余っているプロテインをどうするべきかも考えたいところだ。

小籠包トリップ

台湾といえばどんな食べ物を思い浮かべるだろうか。多くの人が小籠包と答えるのではないかと私は思う。

小ぶりな蒸籠の中に点々と並ぶ白い子たち。丸っこいのにツンととんがった頭は綺麗なドレープを描いている。そんな可愛らしい子たちがもわーっとした湯気の中から現れる度に、私は深く息を吐いてしまうのだ。

小籠包はそのまま口に入れてはいけない。そんなことをしてみれば、中から溢れ出る熱々のスープに大ダメージを喰らうことになる。

小籠包にはきちんと食べ方がある。

小籠包を酢醤油につけ、レンゲの上にちょこんとのせる。薄い皮をプツリと箸で破ると、レンゲの上に黄金のスープがすーっと流れ出てくる。点々と浮いた肉の脂がキラキラと輝いてゴクリと唾を飲み込んでしまう。ここでパクリといきたくなるが、ぐっと我慢。熱々のスープを「熱っ」くらいまで息を吹きかけ冷ましつつ、スープに口をつけてその澄んだ味わいを楽しむのである。そして、刻んだ生姜をお好みの量のせて今度こそパクリと口の中へ。生姜のさっぱりとした刺激と、肉のジューシーな甘味がググッと気持ちを盛り上げてくれる。この動作を儀式のように何度も繰り返す。

一口に小籠包といってもやはりお店によって味も形も違ってくる。ここは皮がとても薄いとか、ここは肉の量が多いとか。溢れんばかりのスープがたまらないんだ！　なんてお店もある。

かき氷に比べれば私の小籠包への知識はまだまだで、研究の余地がありすぎるほどだが、それでも台湾を訪れた時には欠かせないメニューになっている。食べずして帰るものかと、胃がパンパンであろうとねじ込んで食べるのだ。

最初の頃は定番のものばかりを食べていたが、だんだんとそれ以外の味も楽しむようになってきた。あの小さなドーム型の包《パオ》に店ごとの個性や、思考を凝らしたバラエティ豊かなものがたくさんある。知れば知るほど奥深い食べ物だなと感心するのだ。

ほうれん草がベースになっているものや、チリソースが入っているものなど、味も見た目も面白いものがあるが、気に入っている味の一つに蟹味噌味がある。実は幼い頃に蟹をこれでもかと食べすぎて消化不良を起こして以来、蟹が怖くて食べられないが、蟹味噌は別。あの磯臭い濃厚でねっとりとした味が私は大好きなのだ。

蟹味噌が練り込まれた餡が詰まった小籠包は、ほんのりオレンジ色に染まった皮に包まれていて、対面する度にうっとりとしてしまう。蒸籠の中に小さな蟹が隠れているのも非常に可愛らしい。

美味しいところをギュギュッと凝縮した嗜好品は、普段甲羅の上にのった量をちびちびと食べることしかできないものを、小籠包であればヒョイッと口に運んでいくらでも楽しめる。やみつきになる磯臭さに唸りながらペロリと二人前は軽く平らげてしまう。

そして絶対に食べてもらいたい味がトリュフ味である。これを食べるために台湾に行くことだってていとわないと思えてしまうほどの絶品小籠包だ。薄皮をぷつりとやって出てくるスープから既に香り高いトリュフの気配。隠しきれないほどの芳醇で厚みのある匂いに一刻も早く食べたくなる気持ちを抑えながら、作法の通り息を吹きかけ少しだけスープを冷まし、ほんの少しだけ口をつける。強いお酒を一杯煽ったかのように「くぁー！」っと唸りたくなる気持ちを必死に抑える。なんと言ってもトリュフですから、そんなはしたない声は出してはいけません。「大変美味しゅうございます」とさらりと言ってのけるような澄ました顔で一つ、また一つと食べるのだ。もう一人前食べたかったとしても欲を出さずに我慢。スマートに会計を済まして店を出てから道端で「ぅおいしかったぁー！」と心の底から声に出す。その口から出た息からも僅かにトリュフの香りがするのでもうたまらない。ああ、息まで高級になってしまう。トリュフ味の小籠包……恐ろしい子、なんてちょっとだけ『ガラスの仮面』の気分にもなりながら、ホテルまで歩いて帰るのが最高に幸せな時間なのだ。

日本でも何度か禁断症状のように「小籠包が食べたいいいいっ！」となったことがある。台湾のお店が日本にもあるし、行けばもちろん美味しい小籠包が食べられるが、おうちで手軽に美味しさを手に入れたいと考えてしまうのが私のあさましいところ。

そんな時スーパーで安売りされていた小籠包に出会った。レンジでチンしてくださいと書かれていたので、その通りに調理したが皮が非常に分厚く、キモであるスープがなんと一滴も出てこない！　美味しいには美味しいけれど、肉饅を食べている気分になる。やはり家で小籠包は無謀かと諦めた時、救世主はすぐ近くにいた。

コンビニの小籠包である。

コンビニと侮るなかれ！　セブン‐イレブンの冷凍の小籠包は薄皮で、肉汁もたっぷりなのだ。台湾の味が恋しい！　店に行くのはちょっと……でも手軽に食べたい！　なんてわがままな気分の時は、すぐさまセブン‐イレブンへ。出来上がったものにちょこっとトリュフオイルを垂らせば、おうちでラグジュアリーでリッチな気分に。

恋しい台湾へおうちで簡単プチトリップである。

回文の彼女

私は愛知県出身であるが、名古屋に詳しくない。胸を張って案内できるのは名古屋駅の構内と、隣接する髙島屋の中だけである。

電車の時間までその中にある東急ハンズでしょっちゅう時間を潰したし、実家に帰るための終電に乗るために、金時計から銀時計までを猛ダッシュしたことが何度もある。どの思い出も私は一人だった。

ある時、珍しく休みを名古屋で過ごすことに決め、大須《おおす》商店街（秋葉原と、原宿を複合したような街と思っていますが異論は受け付ける）で何をするでもなくふらつこうと、地元の子たちっぽい遊びを企てた。同行する相手は大阪出身の名前が回文の後輩。人見知りが激しい私の高い心の壁をいとも簡単に打ち破り、旧知の仲であると言わんばかりに接してくる、そんな子だった。

文字通りぶらぶらと店を冷やかす私たちは、洋服が欲しいわけでもないのに古着屋に立ち寄って、普段着ない紫のエキゾチックなシャツが自分たちに似合うだろうかと不毛な会話をしたりした。

大須には沖縄宝島という物産店があり、中にあるイートインコーナーで適当に沖縄料理を頼んだ私たち。そこにあったスクガラス豆腐というものが今でも強烈なトラウマを残している。

四つ切りにされた一口サイズの豆腐の上に、フナを限りなく小さくしたような魚が虚空を見つめのせられていた。それはもう、見た目からして美味しそうな気配が一つもせず、お互いに何も言わず視線だけを交わす。銀色に光る鱗《うろこ》がやけにギラギラしていて、見ているだけで首の裏がずんと重たくなる。

どちらが先に食べるかをダチョウ倶楽部さんのごとく譲り合い、もはや罰ゲームのよう。店に置かれていたスクガラスは、一匹一匹が規則正しく整列した状態でびっしりと小瓶に詰められ、満ち満ちとした様子は、理科室にあったホルマリン漬けよりも生き物が囚われている感じがした。それを見ていると高校の時に男子が持ってきたスクガラスの瓶も、同じように満ち満ちと小魚が瓶詰めにされていたことを思い出した。

私たちは譲り合いをやめ、恐る恐る小魚ののった豆腐を口に運ぶことにする。舌の上に鱗を感じ、奥歯で噛み締めるとやけに生々しいぐにゃりとした魚の食感と、独特な香りに悶絶。

うぉーと唸りながら、小学生の夏休みにクラスで飼っていた水槽二つ分のフナが息絶えた事件がフラッシュバックする。登校日に教室に入ると、ドブ川のような水槽の中に見るも無残なフナが大量に浮かんでいた。

その光景が突然頭をよぎり、さらに苦しむことになったが、さんぴん茶で無理やり胃に流し込み、荒くなった息を二人揃って必死で整えていると、アホらしくて笑いが止まらなくなった。そんな経験は仕事を始めてからほとんどなかった。

「私たちってまだ子ども舌なんだと思う」

「お酒が飲めたら違ったよね」

と思いつく限りのスクガラスへのフォローをし始めても、残った二つのスクガラス豆腐が消えるわけではなかった。鼻をつまみ、目を瞑《つむ》り、どうにか食べ切り、また意味もなく笑った。

そのあとおもちゃみたいな神社でおみくじを引いたり、メイド喫茶に入ったりして休日を満喫した私たち。よく歩き、よく笑い、学生に戻った気がしてとても心が満たされた一日だったからか、今でもよく覚えている。

彼女とはその後も大阪の海遊館に行ったり、時々東京でごはんに行ったりした。頻繁に会うわけではないけれど、顔を合わせるとへらっと笑って「元気ですかー!?」と言ってくる。そしてすぐに旧知のテンションで私の手を引いてくれることがとても頼もしく思えるのだ。

大人になるほど、些細なことでお腹を抱えて笑い合える人は貴重な気がする。どの友人ももちろん大切だけど、最近の話題は仕事の話や将来のこと、そこに健康の話も追加され始めた。年を重ねて気がついたことや、些細な喜びを、何かしらを食べながらシェアし合う。満たされた時間だけれど、箸が転がるだけで笑える機会は、お酒が入っている時以外はそうそうないんだなと気がついてしまう自分がいる。十代にもっとたくさん笑って、人間らしく、その時にしかできなかったことを目一杯すればよかったと、今になって後悔している。

理由もなく教室にいたくなかった私は、人けのない場所で一人お弁当を食べていたし、部活帰りに同級生と別れると、一人スーパーで赤い半額シールの貼られたういろうを買っていた。自転車を漕《こ》ぎながらういろうにかじりついて、家までの道をぼーっと惰性で進んで。仕事を始めてからは、終電に揺られながら携帯を握りしめ、口の中に牛乳飴を放り込んで睡魔と戦う日々だった。仕事は楽しかったが、思い返せば自分の時間は機械的に過ごしていた気がする。

件《くだん》の彼女から先日随分久しぶりに連絡がきた。

「玲奈さん!!　お元気??　私は元気!!」

突き抜けるような明るい文面だけで、こちらまで明るい気持ちになる。なんだよそのびっくりマークと画面に向かって笑ってから、この子のこと、やっぱり好きだなあとしみじみ感じるのであった。

皮をむくとき

子供の頃冬になると、うちには段ボールいっぱいのみかんが必ずあった。私の実家は車で三十分も飛ばせば、静岡県に入る。三ケ日《みっかび》というみかんの生産地があり、そこで採れたみかんを毎冬食べていた。

段ボールの底にあるものは重さで潰れて傷みやすく、一個でも無駄にしまいと箱の一番奥に手を差し込みほじくり返す。日が経つにつれて熟れたみかんの香りは、金木犀《きんもくせい》の花にも似た、独特な深い甘さのある香りがする。それが鼻を掠めると、どこかいい匂いだなと思いながらも慌てて箱をひっくり返し、

「腐っているものは他のものも腐らせてしまうからね」

と言う祖母の言葉を思い出しながら、傷んでいるものがないか入念に調べていた。

実家には昔懐かしい日本の定番スタイルのように、灯油ストーブの上でヤカンがシュゴシュゴと音を立て、こたつの上には籠盛りのみかん。みかんは慎重に積み上げてピラミッ

ド型にする。その風景が私の中の冬のイメージ。でも今は、灯油ストーブや、そこかしこにへこみのある銀色のヤカンもなければ、こたつもない。寒くなると当たり前のようにあったみかんも、東京に出てきてから食べる機会が随分と減った。みかんって意外と高いんだなとも思う。子供の時は食べても食べても箱の中にみかんがたっぷりあって、おやつの代わりだったのに。母が、

「そんなに食べると体が黄色くなっちゃうんだから」

と冗談めかして言っていたら、そのうち本当に手が黄色くなった。腕は白いのに指先に行けば行くほど肌の黄色が濃くなっていく。さすがにこれはまずいと思った私は、毎日お腹いっぱいみかんを食べるのを止めた。

私は手相がとても細かい。人に手のひらを見せるとその線の多さに驚かれるほどである。併せて酷い乾燥肌だ。今は気をつけてハンドクリームを塗るようになったが、幼い頃は手の乾燥なんて気にも留めなかったから、いつも粉をふいていた。親指と人差し指の間は水分がなさすぎてあかぎれになることもあったし、手相が真っ白になっていく。自分の手をじっと見つめながら、みかんの白い筋みたいだなあ、と感じていた。こんなふうになるのもきっとみかんの食べすぎだし、手相の線が人より多いのもみかんの食べすぎのせいなんだろうと、幼い私は信じていた。

私の手はシワが多いせいか女性らしいものではない。指もすらりとしているわけではな

いし、関節のシワも人より深くて多い。写真に手だけが映り込むと、お母さんの手ですか？　とか、男性に間違えられることもしばしば。その度に、心のどこかで、

「昔みかんを食べすぎたせいかなあ」

といまだに思ってしまう。

剝き桃のようなつるんとした手の人が本当に羨ましいと無い物ねだりをしながらも、せっせと果物を剝いてくれたシワのよった祖母の手が好きだった。

学校から帰ると祖母はよくグレープフルーツを剝いていた。小さな手で器用に中の薄皮を取り、キラキラと眩しい粒立った果肉にグラニュー糖をパラパラとまぶす。それだけでとっておきのデザートだった。甘酸っぱいグレープフルーツを、三角形のフルーツスプーンで口に運ぶと、きゅっと体が縮まる感覚。それがやみつきで今でも砂糖漬けのグレープフルーツはお気に入りの一つである。

いざ自分でグレープフルーツを剝くと、祖母がいかに器用で、丁寧に皮を剝いてくれていたかがよくわかる。

大人になり、グレープフルーツやら、文旦やら、伊予柑などを目の前にするとその美味しさは知りながらも、硬い皮を剝いて果肉を取り出すのがあまりにも大変な作業だとわかっているせいで、一瞬挫《くじ》けそうになる。黙々と果肉を取り出していると、あの時の祖母の白いお人形のように小さな手を思い浮かべる。シワがよって、シミもある手だったけど、

あたたかく、絹のようにさらりとしていて大好きな手。時折、剝いた果肉の一つをヒョイッと口に運んでいく姿もお茶目だった。

祖母がしてくれたように、母もまた、私や家族のためにせっせと果物を剝いてくれる。今でも実家に帰ると「何か果物を食べる？」と声をかけてくれる。

一人暮らしを始めてから、これまで何の苦労もなく当たり前に出てきた果物を、自分の手で皮を剝き一口サイズにしていると、その度に皮を剝いてくれる人がいることは守られていることなのかもしれないと考える。

家族にしてもらったように、私も誰かに果物を剝くことがあるのかと想像すると、一人では面倒に思うことも、幸せな苦労になるのかもしれない、と気がついた。それって特別大きな愛だなと。

そうは思いながらも、りんごも桃も本当は丸ごとかじるのが美味しいし、いちごもヘタを摘んでかぶりつくのがいい。葡萄は皮を剝くのが煩わしいから皮ごと食べられるものが好きで、キウイは半分に切ってスプーンですくって食べるスタイル。

祖母や母のような奥ゆかしい優しさを私が持てるかどうか、非常に怪しいものである。

空きっ腹に○○

多くの人がそうであるように病院が苦手である。基本的に病院にお世話になる時は体に不調が現れた時なので、重たい体を引きずりながらだったり、時には意識がないまま病院にいたりする。

子供の頃、非常に体力のなかった私は、時折病院に連れて行かれては血液検査をしていた。血管が細く何度も針を刺され、最終的には手の甲から血を抜くなんてこともしょっちゅうだった。

一度倒れて病院に運び込まれた時、点滴を抜いた勢いで飛び出した血飛沫《ちしぶき》を浴びて驚いた私は、再び意識をなくしてそのまま入院なんてこともあった。

ここ数年はすっかり元気で、随分と体が丈夫になったなと思うが、どうしても病院に行かねばならないイベントが年に一度ある。健康診断だ。病気は早期発見が大切であり、自分の体を知るのは大切なことだとわかりながらも、これがもう本当に嫌で嫌で仕方がない。

そして今年もその一大憂鬱イベントがやってきた。

一週間前から気分はどんどん下降していき、なんとなく体重のことや体脂肪のことをいつもより気にし、トクホのお茶を飲んでみたり悪足掻きする。

前日の夜はもう気が気じゃない。怖いことがあったり、バリュウムを飲むわけではないのにどうにも落ち着かず、明日は健康診断だという事実を思い出してはため息をつく。

何がそんなに嫌かと言うと、検査の何時間前までにお食事を済ませてくださいというアナウンスである。前日に食べていいものは胃に負担のないものと注意書きされていること。前回の健康診断の時は検査結果に支障が出てはいけないと、随分と早く夕食を終わらせてしまい結果十八時間絶食し、看護師さんに「晩ごはんの時間が早すぎます」と叱られてしまう事態になった。

だからこそ今年はさらに慎重に、晩ごはんを食べるタイミングを入念に計算し食事をした。メニューも消化にいいうどん。美味しいなあと食べながらも、ああプリンが食べたい。ああアイスが食べたい。ああジャンキーなものが食べたいと考えてしまう。ダメだと言われるとその行動をとりたくなってしまう天邪鬼《あまのじゃく》。どうにか我慢をし、憂鬱な気持ちを枕と一緒に抱えて就寝したのである。

検査当日。緊張が故に太陽が昇る前に目が覚めてしまった私。起きぬけに飲んだ水が食道を流れ胃に入っていく感覚が明確にわかる。このままずっと起き続けていたら空腹に耐えられず何か食べてしまいそうなほどの空腹であった。去年と同じように看護師さんに叱られたらどうしようと、不安がよぎる。

冷蔵庫を開けばいつも食べている朝食セットが。起きたらすぐに朝食の準備を始める私はいつものクセで手が伸びそうになるが、そんな自分をぐっと制し、もう一度検査の注意書きの紙を確認する。検査前に食事をすると数値に影響が出て再検査の可能性がありますと書かれている。再検査だけは絶対に嫌だと、紙を放り出し空っぽの胃を抱えながらもう一度ベッドへ潜り込む。そのまま寝て、起きてを繰り返し、グズグズしていると今度は家を出なければいけない時間ギリギリになっていた。慌てて準備をして家を飛び出した私は空腹で力もなく、フラフラと病院へ向かったのである。

検査を待っている間中終わったら何を食べようかばかり考えていた。

極限状態の時に思い浮かべるのは決まってホットケーキ。甘くてふわふわで、真四角のバターとシロップがかかった森永のホットケーキミックスのパッケージそのままのもの。空腹で泣きそうな時も、ジムできついトレーニングをしている時も、現実逃避をする時も決まってまぶたの裏に浮かんでくる。

採血中なかなか思うように血が取れず看護師さんが苦戦している中でも、現実逃避をするようにホットケーキを思い浮かべる私。目の端に映る自分の赤黒い血に少し意識が遠のきそうになりながらも、バターが溶けて滑り落ちるところを必死に想像し耐え抜いた。

無事に検査が終わった私は開放感に包まれ、超ハッピーになるかと思いきや、あまりの空腹にこのまま帰宅するのは不可能だと、病院から程近いカレー屋さんへ倒れ込むようにたどり着く。残念なことにホットケーキが食べられるお店は近くになかったのである。

やっとありつけたあたたかいスパイスカレーは、一口食べると空っぽの体にどんどん元気を与えてくれ、しょぼくれていた細胞のひとつひとつが「いいぞ！　いいぞ！」と元気を取り戻す。冷えていた体もこれでポカポカだと安心しながらパクパクとカレーを食べ、膨れたお腹を愛おしく思いながら帰宅をした。

しかしだんだんと雲行きが怪しくなってくる。空っぽのお腹に刺激のあるものを急に入れたせいか、胃がキリキリと悲鳴を上げ始めたのだ。心は元気いっぱいなのにみぞおち辺りが重く気分が悪い。そのまま帰宅して唸りながら私はベッドに横になるしかなかった。

今年は健康診断が無事に終わったと思ったのに、最後の最後で気の緩みにより痛い目を見た。

皆さんも長時間の空腹の時は、必ずお腹に優しいものを食べてほしい。忘れっぽい私が来年健康診断を受ける時、この文章を読んで大切なことを思い出してくれることを願うばかりだ。

おばけマシュマロ

小学生の頃、滅多なことがなければお手伝いをすることがなかった。今思えばなんと協力的じゃない娘だと自分で自分を叱りたくなるが、当時はお手伝いは二の次。気が向いた時にこんにゃくの飾り切りの仕方を教えてもらったり、卵を割ったりはしたが、キッチンで自ら調理をするのはお菓子作りくらい。そのお菓子作りでさえコンロの前ではなく、混ぜて、型に流し込み、後はオーブンにお任せ、よろしく！　といった感じ。

そんな私が嬉々として火の前に立つ時は、マシュマロを食べる時である。

小さな頃からマシュマロが大好きだった。今も変わらず好きでいる。白くて甘くてふわふわで、見た目も可愛い上にとろけるように美味しいお菓子。ケーキのように装飾をされた豪華なドレスを着るわけでもなく、マシュマロは持って生まれた素材で勝負しているところも気に入っている。中にゼリーやチョコレートが入っているものもあるが、そういったものではなく、純なマシュマロ、これに限る。

サイズは小さすぎず、大きすぎず、人差し指と親指で摑める程度の大きさがベストである。

近所の薬局の目立つところに私の好きな種類のマシュマロが置かれていた。緑色をした袋を勢いよく開けると、食感を表すようなふかふかした香りが上ってくる。それをそーっと指で摘む。悪いことをしているわけでもないのに、できるだけ音を立てず慎重になりながら口へと招き入れていく。

歯に当たった一瞬だけキュッとした歯触りがあり、そのあとは柔らかな部分へズブズブと歯が入っていく。口の中で簡単にほどけていき、じゅわっとあっという間に消えてしまう。こんな儚《はかな》い食感のマシュマロが私にとっての秘密のおやつだった。家族が食べてしまうわけでもないのに、誰にも見つからなさそうな棚の奥に隠し、少しずつ食べる。そのうち少しずつ食べるのがどうにももどかしくなって、口の中で消える度にまたそーっと口へ新しいマシュマロを運ぶ。そうしているうちにあっという間に袋は空になり、私のささやかな幸せもどこかへ飛んでいってしまう。

いつだったか、マシュマロを火で炙《あぶ》って食べている映画を見た。それがアニメだったのか実写だったのか、暖炉だったか、キャンプファイヤーだったかも曖昧だが、あのふわふわなマシュマロを火で炙るとどんな食感になるのだろうと、見た日からずっと気になっていた。知りたくて知りたくてしょうがなくても、でも我が家には暖炉がない。あるのは石油ストーブとファンヒーター。アウトドアな家庭でもないので、キャンプファイヤーに出会うことなんて万が一にもない。棒にマシュマロをいくつも刺してそれをはふはふと息を吐きながら食べることなど、日本に住むインドア家庭の子供には無理だと諦めていた。

しかし、ある日そーっとマシュマロを食べていた時、どどんと雷に打たれたように私はひらめいたのである。家の中にも火はあるじゃないかと。

慌ててキッチンへ向かい、ガスコンロの火をつける。ボッと音が鳴り燃やすもののない炎がゆらゆらと揺らめいていた。そこに爪楊枝に刺したマシュマロを近づけると、ワッと音が鳴り、真っ白な姿が赤に染まる。指先に感じた炎の熱さにも驚き手を引っ込め、マシュマロに引火した炎を一生懸命息を吹きかけ鎮火させると、所々黒く焦げたマシュマロが現れた。恐る恐る焦げた部分を口に運ぶと、カリッという小気味いい音とともに香ばしい香りが広がった。そして脱皮するかのようにずるりと火で炙られた部分だけが口の中に剝《む》け落ちたのだ。残ったマシュマロは布を被ったお化けのようにとろんとし、頼りなさそうに爪楊枝の下側へとずり落ちてくる。

爪楊枝ではあまりにも短く心許なかったので、溶けかけのマシュマロを竹串に差し替えてまた炎の中へと飛び込ませる。皮を剝いていくように炙った部分を食べ、溶けた部分をまた炎へ戻すことを何度も繰り返す。

憧れだった炙りマシュマロを食べられている幸福感で頭はいっぱいだった。普段はふわふわの食感がシャクッとした香ばしい味わいになることも衝撃で、この方法に出会ってからは頻繁にコンロの前に立ち延々とマシュマロを炙っていた。

ある日この食べ方をしていることが兄にバレてしまった。私は親がいない状態で火を使うことはダメと釘を刺されていたので兄は私のことを叱ろうとしたが、そんなこと言ってないでこの美味しいものを食べてみろよ兄さん、と兄にも焼きマシュマロを振る舞う。兄もたいそう気に入ったようで、この行為をしばらくは黙って二人だけの秘密にしてくれていた。そればかりか、二人仲良くマシュマロを焼くこともあった。

炎に入れて一瞬で焼くのもいいけれど、昔どこかで見たように火から少し離した状態でじんわりと焼くのもまた一興。じわりじわりとマシュマロが色づいていく様は妙に色っぽいのである。

これは大人になった今でもやってしまう食べ方だ。むしろマシュマロを食べる時はコンロの前にしかいない気がする。サクッとシュワッと。この食感が唯一無二なのである。

大人の楽しみ

二〇一七年の冬。私は大先輩たちに囲まれて舞台に立っていた。

舞台は本番の一ヶ月ほど前から毎日顔を合わせ、日々作品をより良いものにするために台本を読み込み、理解をし、稽古に励む。作品の形ができていくとともにキャストやスタッフはカンパニーとして結束力が高まっていき、稽古が終わってから少しごはんにでも行こうよ、なんていうことも。しかし、私は前世で何かあったのではというくらいそういった会食が不得意である。ありがたいことに先輩方からお誘いをしてもらっても「すみません」と断ってばかり。

いやはやこれは良くないと思い、他のキャストの皆さんと一緒にお誘いについて行ったある日。なんと恵比寿にある鰻屋さんに連れて行ってもらった。鰻を食べる機会はよくて夏の土用の鰻の日くらいで、一人暮らしをするようになってからは随分とご無沙汰であった。

それぞれに気になるものをオーダーしていく先輩方。鰻屋さんに来たら迷わず、うな重ではないのかと驚きを隠せない私を他所に、皆さんおつまみなどを頼んでいくのだ。座長が「どうする?」と聞いてくれた時、慌てふためいた私は「なんでも大丈夫です」と答えその場をやり過ごした。

人と食事に行った時のメニュー選びも苦手である。自分の好きなものを頼むのは相手が食べたくなかったらどうしようと気が引けてしまうのだ。考えすぎであるとは自覚している。

愛知の名物の一つにひつまぶしがある。愛知県民は頻繁に鰻を食べるというイメージがあるかもしれないが、意外と名物って食べないのである。ちなみに私はひつまぶしで有名な蓬莱軒も、味噌煮込みうどんで有名な山本屋も訪れたことがない(山本屋のお土産の半生麺は大好き)。

うなぎパイはいつだって食べられたけど、鰻は土用の丑の日か、家族で名古屋に出掛けた特別な日にしかありつけないものであった。

さて、会食の席で私の目の前に出てきたのは真っ白な魚だった。

これはいったいなんですかと口に出しそうになるのをぐっと堪《こら》え、メニューをチラッと確認すると、これは白焼きというらしい。

茶色く、艶々と照りがあるのが鰻ではないのか。こんなに真っ白で、果たして美味しいのだろうか。添えられているのはちょこんと小山になったわさび。これをつけて食べるのだろうか。頭の中は疑問ばかりである。

食べ方も何もわからず辺りをうかがうと、みんな嬉々として箸を伸ばし、わさび醤油につけたり、塩で食べたりしてるのを真似するように私もいただくと、ほわっとした白身の食感が今まで食べてきた鰻とは全く違うことがすぐにわかった。

蒲焼きのタレがガツンとしたインパクトを持つご飯が進む味もいいが、白焼きの素材を活かした味は大人の世界の味だった。

これが大人の食べ物、鰻の白焼きと私の出会いである。

大人になるのはいいものだ。子供の頃も早く大人になりたくて仕方がなかった。「晩ごはん何がいい?」と聞かれなければ子供はその日食べるものを選ぶ権利はないからだ。随分と大げさに言ったが、三個パックのゼリーをいっぺんに全部食べたくても、子供にはそれが許されない。バレてしまったら母に怒られてしまうからだ。しかし、大人になれば自分で好きなだけゼリーを買い、思う存分食べることができる。毎月のお小遣いを握りしめお菓子を買いに走る時、うまい棒をまとめ買いをすると消費税がついてしまうからバラで買うのが賢いんだ、なんて子供なりのやりくりをしたり、スーパーでこっそり籠の中に欲しいお菓子を放り込んだりしなくていいのである。

当時は食べたいものを頻繁に口に出してみたり、限られた条件の中でいかに食べたいものにありつけるか頭を捻らせていた気がする。

それはそれで楽しかったたし、お金のやりくりの勉強になっていたが、大人になれば親のことを気にせず自分の気分次第で鰻屋に行けるのである。

ある日、本当は家でカレーを作るつもりだったのに、雑誌を読んでいたら美味しそうな鰻の写真が飛び込んできた。お腹は一気に鰻の気分になり、気がつけばお店にいたのである。このフットワークの軽さも大人のいいところだ。

メニューを開き大人らしくうな重の文字をいなし、蒲焼きと、白焼きの半身を一つずつ、肝吸い、肝焼き、他にも串を少しだけ。

机の上に並んだ私なりの鰻のフルコースの完成である。白焼きの素材を最大限に生かした味も好きだが、やはり蒲焼きを捨てきれない自分もいる。選べないなら両方いってしまえと、気持ちの赴くままに至福を尽くすことができるのも大人のいいところ。

肝吸いと肝焼きを食べながら、この味がわかるようになるのもいいもんだ、としみじみする。大人の食べるものだからと、昔は肝をなかなか食べさせてもらえなかった。今はこうして誰に咎められることもなく、贅を尽くして肝を楽しむことができる。大人の楽しみと、肝の味を噛みしめながらその幸せに私は小さく震えるのであった。

串はその時旬のぎんなんを。昔は茶碗蒸しの中に入っているたった一つを楽しみにしていたが、今は串に刺さったたくさんのぎんなんを頬張ることができる。惚れ惚れする黄色、ほくっとした食感と追いかけてくる絶妙な苦味に秋を感じずにはいられない。

大人っていいなあ。大人になれてよかったなあ。でもこの先ももっと美味しいものとの出会いが待ってるのかなあ、と思うとまだまだ私は大人になりたてで、ひよっこだ。

苦手だけれど大人として、時には会食にも参加し人との交流を深めつつも新たな大人の味を探していきたいと思う次第である。

ああ、大人、最高。

当たり前な食事なんてないこと

「お母さんのごはんで好きなものってなに？」

そう母に聞かれたことがあった。私は迷わず、

「餃子」

と答えると、少しの沈黙のあと、

「それ、おばあちゃんの料理で好きなものでしょ」

慌てふためいた私は咄嗟《とっさ》に、

「春巻き！」

と返すと、母は釈然としない顔をしていた。今でも時々この時のことを思い出すと母に申し訳ないことをしたなと感じる。確かに私は祖母の作る餃子が大好きだった。学校から帰ってきて、大きなダイニングテーブルの上で祖母がせっせと皮を包んでいる姿を見ると、今日はいい日だと心が躍ったものだ。ジューシーでもちっとした餃子。なんてことないも

のしか入れてないと言っていたけれど、お店で食べるものよりずっと美味しく特別なメニューだった。

もちろん母の作る春巻きが好きなのも本当である。あの時付け足すように、

「同じ包むものだから間違えちゃった」

なんて言ったことも未だに後悔しているが、母の春巻きはどこのものより美味しい大好物の一品である。

時々焦がして、きつね色よりもこんがりしすぎたものが食卓に上がっていたが、パリッとした皮の中からたっぷりの具材が餡に包まれてとろりと出てくるのだ。中はあつあつ。はふはふと息を吐き出しながらもどうにか咀嚼し、飲み込もうとしながらやっぱり母の春巻きが世界で一番だと感じていた。

うちの春巻きは具がたっぷり。その時々で中身は変わっていた気がするが、もやしが入っている時が特別好きだった。噛んだ断面からもやしの先っぽがぴょこんと飛び出している見た目がなんだかとても愛おしかったのである。

あつあつでパリパリでとろとろの春巻きを豪快に食べたいものだが、東京に出てきてからあの美味しい春巻きを食べていない。実家に帰ってもあまり食事をしなかったり、他の好物を作って待っていてくれたりしたからかもしれない。時々買った春巻きを食べてみたりはするものの、スーパーのものはなんだかフニャッとしてひしゃげているし、お店のも

のも母の味とは違う。私は大皿の上にキッチンペーパーが敷かれ、その上にどどんとピラミッドのように積み重なったあの豪快な春巻きが食べたいのだ。

思えばうちで出る食事は大皿料理が多かった。東京で暮らすようになり時々友人の家で食事をすると、きちんと一皿ずつ盛り付けて出してくれる。初めてワンプレートに出会った時、ほんの僅かなカルチャーショックを受けた。朝食でも、おしゃれカフェでもないのに一皿にまとまった晩ごはんが出てくるだと⁉ っと。

うちで出るごはんで一人一皿だったのは、カレーやシチュー、麺類、もしくはハンバーグくらいで。それ以外は基本大皿にどーんと盛られたものを自分の好きな量だけ取って食べるスタイルだった。焼きそばは麺類だけどホットプレートで焼いたものを取っていたし、炒め物や、揚げ物も大皿にのっていた。当時はなんの疑問もなく食べていたが、こうやってワンプレートにして出してくれる家庭もあるのだなと驚いた。

母はとても忙しい人だった。特に私が子供の頃は寝る間も惜しんで働いていて、晩ごはんがお弁当や出前の日も少なくなかった。それはそれで喜んで食べていたが、振り返ってみるとそんな忙しい中でも家族のためにごはんを作ってくれていた母に感謝しなければと思う。

どうしてあの子の家はお母さんとごはんを作ったりできるのだろうとか、一緒にお菓子作りをしていて羨ましいなんて思っていた。そういった機会がなかったわけではないけれど圧倒的に少なかったのは事実で。それでも忙しい中で疲れていても時間を作って、年に一度は私のわがままに付き合いお菓子を一緒に作ってくれていたこともあったのだ。当時はもっと一緒に何かしたいとか、見た目の可愛いごはんを作ってほしいなんて感じていたが今は違う。母の大切な時間を使って家族のために動いてくれていたことに感謝をしなければ。当たり前に出てくる食事なんてこの世にはないのだから。

母が東京に来た時に手料理を振る舞ったことがあった。多分一人暮らしの家でそういったことをしたのは初めてのことだったように思う。鶏肉を焼いて付け合わせの野菜を一緒に出したくらいのシンプルなプレートだったのに、母は手を叩いて喜んでおしゃれでもなんでもない料理の写真を何枚も何枚も撮っていた。

「帰ったらお父さんに自慢する」なんて少女のような笑顔を浮かべていたのが印象的で、せっかくならもっとおしゃれなものを作った時に喜んでほしいよと思ったけれど、母にとっては特別なものだったのかもしれない。いつからか母の作ってくれた料理に対してそんな風に手を叩き声を上げて喜ぶことはなくなっていた。良くも悪くも、母の料理は私にとっての当たり前になっていたのだろう。

あと何回母の作ってくれたごはんが食べられるだろうか。そんなに多い数ではないと思うのだ。二〇二〇年は一度もなかった気がする。次に帰った時は絶対に大好きな大皿に山盛りに積まれた春巻きを作ってもらいたい。手を叩いて喜んで、たくさん写真を撮って、お腹いっぱい食べたい。
お母さんの作ってくれる春巻きが世界で一番好き。

珈琲の店　Paris　COFFEE

私は家で仕事をするのが苦手なタイプ。外で仕事をする時間が完全なONであれば、家の時間はOFFの状態にしておくのが理想である。けれど、台本を覚えたり、原稿を書く時はどうしても家で作業をする時間が多く、リラックスできるはずの場所に仕事を持ち帰らなくてはいけなくなる。それでもやらなければいけないことに変わりはないし、嫌なわけではないが、如何せん集中力が持たない。

家の中は誘惑が多いのだ。配信サービスで好きな時にアニメや映画が見られるし、ゲームだってできる。少し疲れたなと思えば、ベッドに潜り込むことも可能だ。さらに部屋を駆け回る猫たち。パソコンや台本を開くと我が物顔で上に横たわり、かまってくれよぅと可愛らしく邪魔をしてくる。小悪魔だ。

それでもどうにか、集中力の続く限り踏ん張ってはみるが、どうにもならなくなった時や、長時間集中をしたい時、私は最後の切り札として喫茶店に出かけることにしている。

それも、少し薄暗くて、濃い木目調の昔ながらの落ち着いた喫茶店がベスト。ここ数年でお気に入りの場所をいくつか見つけ、その時の気分によって使い分けていた。コーヒーの匂いがする中で、程よい人の気配と、誰か話している声がする状態が一番集中できる気がする。

作業を始めると結構な時間居座ってしまうことになるので、こまめに飲み物を追加オーダーするようにしている。混雑してきたらお店にもお客さんにも申し訳ないので、できるだけ早くお店を出て、別の喫茶店へはしごしたりもする。

先日、用事を済ませに渋谷に行った時。特にお気に入りだった、渋谷109近くの珈琲の店Paris COFFEEの前を数ヶ月ぶりに通るとシャッターが下りていた。定休日だったかなと確認のために店の前まで行くと、窓には張り紙が。そこには店主の親族の方が書かれた長い長いメッセージが綴られていた。

お店が新型コロナウイルスの影響を受け閉店することや、これまでの歴史。店主の方が薔薇を愛していたことなど。毎年おうちのお庭に咲いた薔薇をお店に飾っていて、今年はたくさんの薔薇が咲きそうだったけれど、閉店により飾られることなく散ってしまうことが残念だということも。

交差点から道を一本入ったところにひっそりと佇む控えめなお店だった。赤い薔薇の咲く看板のレトロな雰囲気に誘われるように訪れたことを覚えている。ドキドキしながら扉を開けると、店内は渋谷とは思えないほど落ち着いた雰囲気だった。年季の入った木製のフレームにえんじ色のビニールレザーの椅子、カウンター席に置かれた座面が回る椅子、細かい傷のある木製のテーブル、メニューの書かれた看板、今も鮮明に思い出すことができる。

このお店の名物ウインナコーヒーは、上にたっぷりとのせられたクリームが薔薇の形をしていた。カップの上に咲いた花は、コーヒーの温度でゆっくりと溶かされ儚く消えていく。最初の一口目、コーヒーにたどり着く前にほんの少しだけひんやりとしたクリームが口につく。その愛おしい温度差がお気に入りでホットを頼むことが多かった。溶けてしまう薔薇の形のように儚い思い出に変わってしまうのか。

ある時、若い店員さんが薔薇型のクリームを綺麗に作るために、ソーサーの上にいくつもいくつも絞り出していた。どこか歪《いびつ》な形だったが、こうやってこのお店の名物が引き継がれていくものだと信じていた。しかしあまりにも突然の別れに今もまだ気持ちの整理がついていていない。

実は世に出していない初めて書いた短編小説にこのお店のクリームソーダを登場させていた。

程よくくびれたグラスに注がれたペリドットのようなソーダ。グラスの内側についた細かな気泡を眺めながらバニラアイスを溶かし込んでいくと、ソーダはあっという間に白濁し、マスカット色に変化していく。しかもバニラアイスが二つものっているのだ。私にとって理想の完璧なクリームソーダだった。心ひかれ、絶対に小説の中に登場させたいと思ったのである。

以前友達と渋谷にいた時に、クリームソーダが飲みたいとリクエストされ一緒に訪れたこともあった。彼女もドーム型のアイスクリームが二つのったグラスを見て歓喜の声を上げていた。

初めて出版した小説の原稿のいくつかもこのお店で書き、カウンター席でチェック用の分厚い原稿と格闘しながら何杯もコーヒーを飲んだ。これからも新しい作品を生み出す時や、一時の癒やしを求める場として訪れることができると思っていたのだ。

新型コロナウイルスの影響で全国でも多くのお店が閉店せざるを得ない状況になってしまった。今もなお踏ん張っているお店もあるが、簡単に解決する問題ではない。今、感染予防をして営業を続けてくださっているお店には大変感謝をしている。美味しい食べ物や飲み物は、口にすると自然と笑顔になり、暗く重い気持ちを隅へ追いやってくれる。

お腹を満たし、笑顔をプレゼントしてくれる大好きなお店に貢献できるよう、しっかりと感染予防を徹底し、少しでも力になれればと思う今である。

再現できない味

小学生の頃とても好きだったお菓子がある。

それは友達の家に行くとよく出してくれた、にんじんクッキーだ。友達のお母さんの手作りで、スプーンでドロップした形の手のひらサイズのクッキーは、にんじんの甘さがほんのりする素朴なものだった。

私の家は両親が共働きだったので、当時の食生活は結構ジャンキー。ポテチやインスタントのものを多く食べていた時だった。手作りのクッキーは売っているものよりはるかに美味しく、新鮮に感じた。記憶というものは自分に都合よく書き換えがちではあるが、思い出の中のにんじんクッキーは、未だに人生史上ナンバーワンである。

あまりにもそのクッキーが好きすぎて、友達のお母さんに作り方を教えてほしいとせがんだことがあった。レシピを教えてもらいながら友達と三人でクッキーを作り、とても楽しい時間だった。幼い頃、私も母と一緒にお菓子作りをしたことはあったが、小学生の頃には両親は慌ただしく働いていたので、クッキーを作ること自体が一大イベントであった。当時レシピのメモをもらったはずなのに、ダメな私はどこかへ失くしてしまい、今はもうレシピはわからずじまいである。覚えているのはにんじんをすりおろしていたことと、成形はスプーンでしていたということだけ。分量も、オーブンの温度も忘れてしまった。さらにその友達とは、学生時代のすれ違いの末、喧嘩別れをしてしまい今はもう連絡が取れないのである。

当時の私たちは学校の行き帰りも、学校が終わってからも一緒にいた。好きなアニメの話を共有し、門限のギリギリまでゲームをして過ごす日々はとても楽しいものだった。彼女は絵を描くのがとても上手かったし、ゲームも強かった。家も歩いて三分の距離で、彼女が通っていたのがきっかけで、同じお稽古ごとに行くくらい私たちは仲がよかった。

彼女との思い出がたくさんあるからこそ、このクッキーは当時の記憶とともに特別な味として残っているのかもしれない。

家の中ににんじんが半端に余っていると、もう何度も失敗しているのに、ついついにんじんクッキーを作ろうかと考えてしまう。思い出の味にはきっとならないけれど、追いかけ、なぞるような気持ちで。運よく味を再現できるかもしれないと少しだけ期待をしながら。

この間も、久しぶりににんじんクッキーを作ってみた。

薄力粉を一カップ、バターを四十グラム、ベーキングパウダーを少し、にんじんはすりおろしてほどよく水分を切る。それを全部ボウルに入れ、粉気がなくなってひとまとまりになるまで混ぜて、冷蔵庫で二十分程度寝かせた。

でも、生地ができた時点でもう様子が違う。生地は冷やして寝かせたから、スプーンで成形するほど柔らかくはならない。にんじんの量も多かったようで、生地全体がオレンジ色に染まってしまった。

前回作った時は牛乳も混ぜてみたけれど生地が頼りなかったので、今回は水分を入れず、にんじんとバターの油分に頼ってみたが、やはり思い描くものにはたどり着けないのだ。思い出の中のクッキーは少しゴツゴツとしていて、所々にオレンジ色のすりおろしたにんじんが見え隠れしている。まるで岩陰からにんじんを咥《くわ》えたウサギがひょっこり顔をのぞかせているようなイメージ。

口の中でほろっと崩れた、あの食感や、匂いや、味。思い出は美化され続けて、結局思い出のままなのかもしれない。でも私は懲りずに作ってしまうのだ。あの時ちゃんと仲直りをしておけばよかったという、後悔とともに。

作っても作っても完成しないとなると、果てしなく、終わりがない気がするが、作る度に友達のことを思い出す時間は特別なものになっている。

料理と思い出は結びつきが強い。だからか、随分前に亡くなってしまった祖母との思い出も料理の場面が多い。

共働きの両親に代わって同居していた祖母が晩ごはんを作ってくれていた。台所に立つ祖母の背中や料理をする手つきを、はっきりと覚えている。

私は祖母の作るこんにゃくの入った煮物が好きだった。こんにゃくに味がよく染みるようにと、短冊切りの真ん中に真っすぐに切り込みを入れ、くるりと捻る。そうすると味がよく染み込むから、とやり方を丁寧に教えてくれた。

真似をしてやってみても、祖母のように綺麗な形にはならず端っこが切れてしまったり、分厚すぎたり苦戦をした。

今でも得意ではない作業だが、こんにゃくを切っている時祖母の手元を思い出す。

にんじんクッキーも、こんにゃくの煮物も、どちらもちゃんと作り方は覚えてなくて、でも記憶の中にははっきりと残っている。糸を手繰り寄せるように、思い出を辿って、その当時にタイムスリップできるのが、本当は幸せだと思っているのかもしれない。

思い出に浸る、そういう料理との出会いがこれから先もまだまだあるだろうか。

あとがき

あとがきを書くにあたって緊張をしている。

エッセイは人に見せる日記のようだと感じている。誰に見せることもないひみつの日記帳ではなく公にする日記。昔はそれがブログだったから、思いつくままに四六時中言葉を綴っていた。自分だけの日記は気が向いた時にしか書かないから、真っ白なページがいくつもある。

今回『食』をテーマに過去のことや日々感じたことを書き連ねていくと、私自身の記憶の曖昧さに驚いた。食材も記憶も鮮度の見極めが重要で、感動を瑞々しい状態で伝えることも、あえて熟成することで旨味が出てくる話もあるが、食べた経験があるものをないと言ったり、いつ食べたのかが曖昧だったり。特に昔の話は両親と話しているうちに思い出すことが多かった。友人たちからも記憶力が悪いと言われるが、そうではないかもしれない。あれこれと整理することもなく放り込みすぎて記憶のかけらが山積みになっている気がする。書いていて物が雪崩れてくるように思い出すこともあったのは、山の一角を記憶を引き出す棒で突いたからだと思う。このことによって、これまで思い出すことの少なかった日々を振り返ることができて興味深かった。発見したのは、美味しいものを食べたことは比較的鮮明に覚えているということ。

不思議な話だけれど、私の記憶は主観ではなく俯瞰《ふかん》的に覚えていることが多い。美味しいものを口にした瞬間の自分の姿が何故か見える状態で記憶しているのだ。そういった記憶は乱雑に置かれたかけらの中でも、記憶の山の表面に置かれているのだと思う。

食べることが幸せだと、最近は特に感じる。親しい人と食卓を囲む機会はめっきり減ってしまったけれど、時々そんな時間があるといつも以上にごはんが美味しく、たくさん食べられる。ごはんを頬張る友人の顔や、それを眺める自分の表情。机の上の料理たち。人生の残りの時間であと何回食事をするだろうか。そのどれも悔いのないようになんてことは面倒くさがりな私には到底無理なことではある。

美味しいものを美味しいと、そう素直に言えるだけでいい。だから、美味しいと感じたら、恥ずかしがらず一人であっても口に出してほしい。きっと食べることがもっと楽しくなるはずだから。

松井玲奈

初出――本書は『anan』
No.2201（2020年5月27日号）～No.2225（2020年11月18日号）に
連載されたエッセイを加筆・修正したものに、
大幅に書き下ろしを加えて再構成しました。

松井玲奈

まつい・れな

役者。
1991年7月27日生まれ。
愛知県豊橋市出身。
著書に小説『カモフラージュ』『累々』（ともに集英社）がある。

［衣装協力］ アンフィル 03-5775-3383 ｜ ビショップ 03-5775-3266 ｜ ブライト ライト 03-5486-0070

ひみつのたべもの

2021年4月20日　第1刷発行

著者 松井玲奈
発行者 鉄尾周一
発行所 株式会社マガジンハウス
〒104-8003 東京都中央区銀座3-13-10
書籍編集部　☎03-3545-7030
受注センター☎049-275-1811
印刷・製本所 大日本印刷株式会社

ISBN978-4-8387-3147-3 C0095

マガジンハウスのホームページ
https://magazineworld.jp/